El estado de MORELOS

Tierras de Ocotepec

Los aqui va el lindero que haze por baxo del mon:te desde el camino

estas tierras

el bentosilla segun aqui pa corresponder apara a Puebla

al Cuautxamulte apara a Puebla

Estas son las pa: de roney don: de uiue con los fríos y gubel montes

de Ocotepec

Capilla de Aguatepeque q llaman el rancho

esta loma divide las tierras dela manada y Pjustepe

camino real que va de la villa de Quautxamulte divide tepec

estas de la manada y su correspondiente por baxo

tierras de la manada y su correspondiente por baxo

camino real que va de la villa de

hermita dlas Brillas

Todas estas son tierras Infruct

ado de

ELOS

MEXICO

INVESTIGACIÓN Y TEXTOS
Adalberto Ríos Szalay

FOTOGRAFÍA
Sexto Sol. Adalberto Ríos Szalay
Ernesto Ríos Lanz: págs. 8-9, 13, 24, 29, 45 inf., 56 izq., 63,
68 sup. izq., 69 inf. der., 84 sup., 85, 93 sup. der., 115, 117 inf.,
122 sup., 122 inf. centro e inf. der., 129 sup., 131, 143 inf. y 153 inf.

DISEÑO
Octavio de la Torre Ruiz

DIAGRAMACIÓN
Ofelia Mercado Arzate

EDICION DE TEXTOS
Benjamín Rocha

PLANOS Y MAPAS
Nora L. Mata S.

Ediciones Nueva Guía, S. A. de C. V.
E-mail: tierranuestra@prodigy.net.mx
Derechos reservados
Primera edición, 1997
Primera reimpresión, 1998
Segunda reimpresión, 2001
ISBN 968 6963 80 4

Portada: En un típico jardín de Cuernavaca.
Contraportada: El convento de Santo Domingo en Tlaquiltenango.
Págs. 2-3: Un fragmento del territorio morelense en antigua cartografía (AGNM).
Págs. 4-5: Peñascos de Amatlán.
Págs. 6-7: Flamboyanes en flor.
Págs. 8-9: Bugambilias: perenne gala en la capital del estado.
Págs. 10-11: Las transparentes aguas del balneario Las Estacas.
Pág. 13: El Caudillo del Sur en un mural de Diego Rivera.
Pág. 14: El amate, un árbol de antigua raigambre.
Pág. 15: Detalle de la fachada del templo de Tepalcingo.
Pág. 18: Palmas reales en la hacienda de San Gabriel.
Pág. 19: Una flor casi en vuelo, el ave del paraíso.

Contenido

PRESENTACION

El territorio morelense ha estado habitado quizá desde hace 3500 años, aunque los hallazgos arqueológicos más relevantes —olmecas, teotihuacanos y toltecas— son de fechas menos lejanas. Cuando arribaron los españoles, la zona estaba dividida en dos señoríos tributarios de los mexicas: el de Huaxtepec y el de Cuauhnáhuac; ambos cayeron en poder de Hernán Cortés cuatro meses antes que la Gran Tenochtitlán, en abril de 1521.

Por su cercanía con la capital, el estado de Morelos ha vivido con intensidad todas las vicisitudes del país. Esta característica le dio un papel protagónico en los momentos cumbre del acontecer histórico nacional. Para constatarlo basta la imagen de José María Morelos encabezando al ejército insurgente o la de Emiliano Zapata al frente de los revolucionarios del Sur.

En medio de la belleza de su paisaje natural —rico en serranías, bosques, manantiales y un clima que ignora el invierno— sus habitantes han sabido conservar antiguas costumbres, lenguas y tradiciones. La atmósfera que se respira en Morelos ha fascinado a grandes personajes de todas las épocas y, en justa correspondencia, ellos han sabido enriquecer y difundir el patrimonio morelense.

Mientras Xochicalco significa, indudablemente, su mayor herencia prehispánica, nos resulta difícil elegir entre las muchas edificaciones coloniales: el Palacio de Cortés, los conventos de Tepoztlán, Yecapixtla, Tlaquiltenango y Tlayacapan, o las antiguas haciendas de Atlacomulco y San José de Vista Hermosa. No se puede decir menos del desarrollo agrícola e industrial iniciado en el siglo XIX con los ingenios azucareros, y afianzado durante las últimas décadas en todos los renglones de la economía, con especial acento en el turismo.

Atraídos por la fama de su encanto, los visitantes llegan de todo México y del extranjero para un fin de semana, para las vacaciones anuales, o incluso para fincar aquí una residencia más o menos permanente. Además de las elegantes mansiones veraniegas, los servicios de todo tipo se han desarrollado con profusión, desde los hoteles de gran turismo, hasta los concurridos balnearios de carácter popular como Las Estacas y Oaxtepec, entre muchísimos otros.

Visitemos, pues, el incomparable y hospitalario estado de Morelos.

MORELOS: RAICES DEL FUTURO

Adalberto Ríos Szalay
Valentín López González

uando se cruza por estas tierras, desde el pie de monte de la cordillera tepozteca a las barrancas de Cuauhnáhuac, desde los cantiles de Chalcatzingo y Jonacatepec a las ardientes selvas bajas caducifolias de Tehuixtla o a las vegas del Amacuzac, es insoslayable la omnipresencia de un árbol enjuto y fibrudo que, al igual que el territorio morelense, se prende obstinadamente de la escarpada orografía: es el amate. No sé describir bien a bien su color; me parece de un oro o amarillo encendido, como los amaneceres y atardeceres de Tlalnáhuac. De lo que sí estoy seguro es que su crispante plasticidad, al abrazarse de las rocas y de la tierra, para merecer la vida, crea un cuadro de heroicidad, un acto amoroso con suelo, rocas, follaje, nubes y viento.

Mi tierra es un amate amarillo y me parece verlo en el glifo cuahuitl que identifica a su capital; lo reconozco en la raíz misma de Amatlán, Amayuca, Cuautlixco y Cuauhnáhuac.

El amate amarillo de los peñones centinelas del oriente morelense vio llegar y asentarse a los olmecas, cultura madre de la mexicanidad. Las paredes pétreas de Chalcatzingo sirvieron de base al artista para esculpir, perpetuar y tributar a la fertilidad, al jaguar y a la serpiente.

Casi mil sitios arqueológicos registrados manifiestan una intensa dinámica cultural siempre ligada al entorno, a la astronomía y a las flores en Xochicalco, a la agricultura y al arte de hacer el pulque en Tepoztlán, al agua y a la muerte en Las Pilas, a la cosmogonía en Teopanzolco.

En un nicho de amates morelenses, el mito marca el lugar del nacimiento de Ce Acatl Topiltzin Quetzalcóatl. Los trabajos de investigación del obispo Plancarte proponen a Morelos como uno de los posibles sitios donde se ubicó el paraíso mesoamericano: el Tamoanchan, y es que, como lo señala el propio prelado investigador, los prodigios y generosidad de esta tierra son tales que Tamoanchan no sería un sitio imaginario o de fábula, sino una tierra rodeada de potencialidades y delicias, donde el hombre inició la agricultura y la civilización básica de nuestro país.

En Morelos comienzan los valles escalonados de Centroamérica y en Morelos se inicia también la geografía de América del norte. Sus parques nacionales del Tepozteco y de las Lagunas de Zempoala son el borde mismo donde se tocan las dos grandes regiones que conforman el continente: la neoártica y la neotropical.

Ante la invasión de los hombres blancos y barbados, los tlahuicas defendieron resueltamente su tierra, un amate amarillo tuvo que ser humillado para doblegar a Cuauhnáhuac, que fue reconocida por el propio Cortés al escogerla como cabecera de su marquesado. Con un ímpetu sorprendente, en 50 años se levantaron 500 construcciones religiosas en lo que ahora es nuestro estado. Durante el siglo XVI, la Colonia temprana tejió una red de capillas de indios, monasterios y templos, que en muchas ocasiones semejaron más bien fortalezas, con sus muros sólidos, contrafuertes y almenas. Se trataba sin duda de una acción de conquista más trascendente que los hechos militares previos: 27 conventos del siglo XVI lo atestiguan.

Franciscanos, agustinos y dominicos delimitaron holgados atrios donde dieron cabida a capillas abiertas; sagaz manera de atraer a los pueblos indígenas acostumbrados a los espacios libres. Comienza precisamente ahí un movimiento sincrético sin paralelo. Se concede la incorporación de deidades reconvertidas al santoral y de elementos originales de una cultura profunda que enriqueció y ennobleció para siempre a la arquitectura, a la pintura, a la imaginería, arraigándola y universalizándola a la vez.

Por primera ocasión, el conquistador encontró y enfrentó a una gran civilización. La victoria militar fue circunstancial, pero su efecto aniquilador en el campo de batalla no bastó para borrar la cultura del pueblo vencido. La única negociación posible fue la transculturación en ambos sentidos. Así comenzó a conformarse el México actual.

La arquitectura civil con tintes militares se plasmó en el Palacio de Cortés y una impresionante fuerza de trabajo y producción levantó, a lo largo de 400 años, más de 100 establecimientos productivos entre haciendas graneleras, ganaderas, mineras y principalmente cañeras; trapiches, changarros, fábricas de alcohol, estancias y ranchos. Los cascos de haciendas conforman un segmento importante del patrimonio monumental del estado.

Morelos ofrece en un breve espacio un compendio de México. Grandes hechos de la historia de nuestro país se dieron en este territorio, no por un azar de localización geográfica, sino por la voluntad manifiesta de mujeres, hombres y aun niños morelenses, como Narciso Mendoza en el sitio de Cuautla, donde José María Morelos encabezó una de las acciones más importantes de la guerra de Independencia.

El movimiento de 1910 adquirió su calidad revolucionaria por la acción de los sencillos, pero sabios campesinos morelenses encabezados por Emiliano, el más grande hijo de esta tierra.

Morelos es pionero en el arte de atender a sus visitantes. Desde Moctezuma, Cortés, Maximiliano, Calles o Siqueiros, muchos personajes decidieron fijar aquí su morada por el clima generoso, por la flora y por ser un sitio ideal para la reflexión y el buen vivir. Más de 30 manantiales convertidos en una gama de balnearios que van desde la paradisíaca naturaleza preservada de Las Estacas, hasta la creación de notables parques acuáticos reciben hospitalariamente a sus visitantes. La infraestructura turística tiene toda la gama de servicios para acoger con esmero y calidad a todo tipo de turismo.

Este libro es una invitación para conocer y recorrer nuestro estado, a través de una relación de sitios entrañables. Sin embargo, es necesario reconocer que estos parajes, estos rincones también han sufrido las consecuencias del crecimiento súbito y a veces desordenado. Apelamos a su sensibilidad; conozca este terruño, palpe e hilvanc sus atributos y con la fuerza de su opinión ayúdenos a preservar este patrimonio común de los mexicanos.

El estado de Morelos se prepara a entrar al siglo XXI con una creciente actividad científica, pues es la entidad con el mayor número de investigadores *per capita*. Hay una admirable presencia de creadores de las artes plásticas, de la música, de la literatura. La actividad industrial es manifiesta y su labor agropecuaria sigue ofreciendo el mejor arroz y tomate de la República.

La identidad morelense se ha visto enriquecida con la presencia de guerrerenses que se han incorporado al trabajo, de habitantes de la ciudad de México que han permutado su residencia y estilo de vida, de hombres y mujeres llegados de diversas regiones de México y del mundo para agregar ingredientes de lo que será el perfil de Morelos el próximo siglo. Son injertos a un árbol de raíces fuertes, un árbol con raíces de futuro.

Cuauhnáhuac, agosto de 1996.

CUAUHNAHUAC

or su extensión territorial el estado de Morelos es uno de los más pequeños del país, sin embargo, su variada naturaleza y la historia forjada por sus habitantes, desde tiempos inmemoriales, determinan un nicho de excepcional riqueza y diversidad.

Una amplia red de carreteras permite recorrer el estado con facilidad; para efecto de conocer y disfrutar de Morelos nos permitimos proponerle seis rutas que, a partir de la capital del estado, lo llevan por el sistema carretero conforme a una secuencia de los sitios más importantes por su belleza escénica, riqueza ecológica, los hechos históricos sucedidos, los monumentos prehispánicos, coloniales y las instalaciones que para su confort y disfrute forman parte de la infraestructura turística del estado.

Comenzamos por la capital de Morelos, en la eterna primavera de Cuauhnáhuac, recorriendo los rincones que distinguen a una de las ciudades más antiguas del país y decana en la atención a los visitantes.

En nuestra segunda ruta ascendemos entre la niebla de bosques y lagunas, para entrar en contacto con dos parques nacionales de gran importancia por su localización y biodiversidad.

La tercera ruta va en busca del Tepozteco, recorriendo poblados morelenses de gran sabor y tradición, hasta llegar a la cordillera que, además de sus tesoros naturales y arqueológicos, constituye por sí sola un monumento natural.

Bajo el volcán se desarrolla nuestra cuarta ruta que lo llevará al encuentro de una serie de conventos, que fueron los núcleos donde inició la evangelización, camino a la mixteca y al sureste de México.

Por la tierra de Zapata recorre nuestra quinta ruta, atravesando los surcos y las haciendas que vieron nacer, jugar y morir al caudillo del sur y además nos lleva a la heroica Cuautla, donde la presencia de José María Morelos dió gloria y nombre a la entidad.

Terminamos entre haciendas y manantiales recorriendo sitios de naturaleza pródiga, con la presencia en el horizonte de esas instalaciones monumentales donde se produjo el oro blanco del azúcar y donde también se escribieron páginas fundamentales de nuestra historia.

CUAUHNÁHUAC, LA ETERNA PRIMAVERA

1. Piedra de los Encantos
2. Palacio de Cortés
3. Jardín Morelos
4. Jardín Juárez
5. Casa Mañana
6. Biblioteca Miguel Salinas
7. Casa de la Torre. Museo Brady
8. Jardín Revolución
9. Catedral
10. Convento franciscano y Pinacoteca de la Catedral
11. Capilla abierta
12. Tercera Orden
13. Palacio Municipal
14. Jardín Borda
15. Templo de Guadalupe
16. Salto Chico
17. Salto de San Antón
18. Las Mañanitas
19. El Calvario
20. El Castillito. Museo de la Fotografía
21. Puente y parque Porfirio Díaz
22. Paseo de Las Barrancas
23. Tlaltenango
24. Capilla de San Jerónimo
25. Iglesia de los Tres Reyes Magos
26. Universidad de Morelos
27. Parque Melchor Ocampo
28. Teopanzolco
29. Balneario El Texcal
30. Antigua Hacienda de Atlacomulco
31. Sumiya
32. Parque Chapultepec. Jungla Mágica
33. Hostería Las Quintas
34. Acapantzingo
35. Iglesia de Palmira y Casa de Cárdenas

Para localizar los números fuera del plano consulte el desplegado.

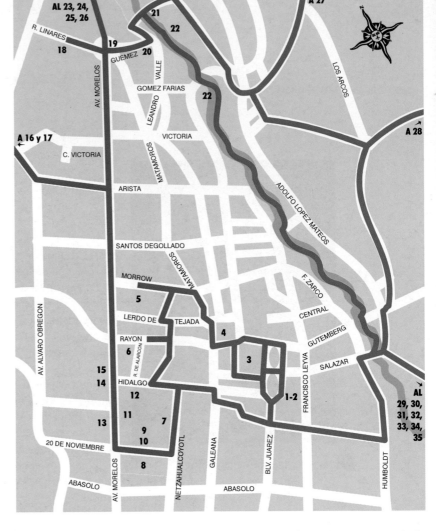

Dios creó el mundo en seis días y descansó el séptimo [...] Ahora, según dicen, pasa el week end en Cuernavaca, que posee un clima privilegiado. Algunos habitantes de México y algunos visitantes del país vecino son de la misma opinión que Dios.
Alfonso Reyes

La capital del estado de Morelos es una de las ciudades mas antiguas del país; sus primeros pobladores establecieron su morada en este lugar aproximadamente 1 200 años antes de Cristo. La quinta tribu nahuatlaca, al llegar al Valle de México desde el norte, encontró ocupada la región; entonces remontó la sierra del Ajusco y descendió a un valle luminoso donde asentaron la capital de su señorío: habían llegado a la comarca de Cuauhnáhuac

los tlahuicas, cuyo nombre significa, para algunos especialistas, "los que vuelven a la tierra"; para otros –como el nahuatlato Natalio Hernández–, "los portadores de la luz".

A diferencia de la gran mayoría de los poblados morelenses que conservaron sus nombres con toda dignidad –como Xochitepec, Amatlán, Tlayacapan o Huitzilac–, Cuernavaca sufrió lo que Manuel Rivera Cambas calificó de "corrupción de la voz Cuauhnáhuac" y Cecilio A. Robelo refirió como "uno de los nombres mexicanos que más desfigurados nos dejaron los españoles". El hecho es que ante la incapacidad de los conquistadores para pronunciarlo correctamente, el nombre del poblado degeneró a "Cuernavaca".

Cuauhnáhuac fue escenario de la conquista militar y espiritual; ya en la Colonia, aquí se levantaron algunas de las primeras edificaciones civiles y religiosas de la América continental; posteriormente, por la ciudad pasaron próceres de la Independencia e incluso en 1855 fue capital del país por breves días.

En tiempos de la Intervención Francesa, Cuernavaca fue una de las ciudades más renombradas, pues Maximiliano de Habsburgo, al igual que Cortés, demostró una enorme predilección por este sitio, donde pasó todo el tiempo que le fue posible –quizás el más feliz– durante su

Arboles en flor, gala perenne de Cuernavaca.

imperio efímero. Grandes viajeros como Humboldt, la marquesa Calderón de la Barca, Brantz Mayer o personajes de la talla de Guillermo Prieto dieron gozosa constancia escrita de su paso por este lugar.

El Porfiriato dejó huella en la capital de Morelos y la Revolución de 1910 no puede entenderse sin Cuernavaca. La época posrevolucionaria hizo de nuestra ciudad un centro preferido por los altos cuadros del Maximato y aun del cardenismo. Recordemos que la decisión final de la expropiación petrolera se tomó en la apacible finca de Palmira, al sur de Cuernavaca.

Muchas personas han venido a radicar a esta ciudad y muchas más llegan los fines de semana en busca de su clima y ambiente privilegiados.

El Palacio de Cortés, una de las primeras construcciones coloniales de la América continental.

Enfrente, monolitos colocados en el sitio que fuera el corazón de Cuauhnáhuac.

Todo parece cambiar; sin embargo, sobreviven en el centro de Cuernavaca algunas viviendas, casonas y mansiones que permiten imaginar el rostro original de un centro poblacional que se fue construyendo con el ritmo lento, sabio y manso de los procesos culturales que observan naturalidad, armonía y que otorgan, por ende, peculiar sello y dignidad. Nuestra ciudad debe recorrerse con comprensión y cariño para poder hilvanar los rasgos que aún sobreviven y que ojalá sirvan de orientación, guía e inspiración a renovadas expresiones de una historia que debe continuarse.

Bienvenidos a esta ciudad donde nadie se ha muerto –como diría José Moreno Villa refiriéndose a la historia de México–, donde continúan viviendo en una eterna primavera los señores de Cuauhnáhuac, Cortés, Diego, Alfonso Reyes, Merle Oberon, José Ma. Morelos, Calles, Siqueiros, Madame Lupescu, Erich Fromm, Juárez, Malcolm Lowry, Maximiliano, Rufino Tamayo, Ivan Ilich, la India Bonita, Cárdenas, Barbara Hutton, Méndez Arceo y Emiliano Zapata.

Piedra de los Encantos

Le invitamos a iniciar su recorrido por la capital morelense a partir del propio corazón de Cuauhnáhuac, precisamente desde el basamento de la pirámide que coronaba la colina, a orilla de la arboleda, y desde donde se dominaban la barranca de Amanalco, las fértiles y cálidas tierras de nuestro valle y la peculiar cordillera tepozteca.

Del teocali sólo quedan unos peldaños, suficientes para reafirmar nuestra pertenencia y raíz. Alrededor de este espacio se encuentran agrupados varios monolitos traídos de diferentes rumbos de la ciudad, que en conjunto crean un verdadero espacio de los orígenes. Fue un acierto concentrar en este punto clave de la ciudad al Lagarto de San Antón, el Aguila de Chapultepec y la Piedra Chimalli o Piedra de los Encantos, que en la parte posterior luce unos glifos que Manuel Rivera Cambas, en su *México pintoresco*, describe como "una especie de castillejo con sus almenas, escalera y adornos".

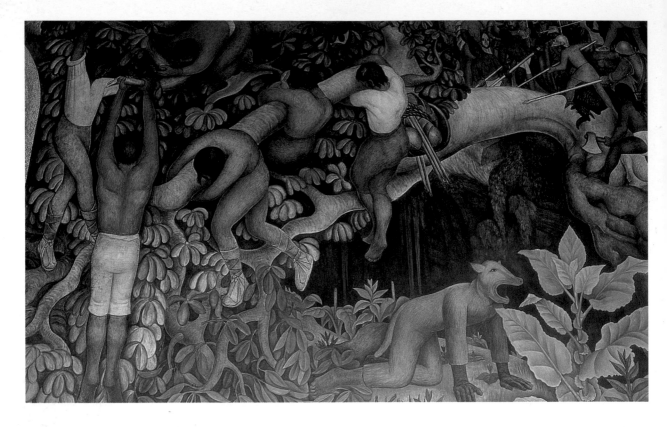

Palacio de Cortés

Tiempo de recorrido: 2 horas y media
Horario de visita: martes a domingo,
de 10 a 17 horas

En 1526 se comenzó a levantar lo que ahora conocemos como el Palacio de Cortés, una de las estructuras coloniales de carácter civil más antiguas de México, según el arqueólogo Jorge Angulo.

Dicen en Santo Domingo, República Dominicana, que Hernán Cortés al llegar a esas tierras con afanes de conquista y enriquecimiento, quedó prendado del Alcázar de Diego Colón, el hijo de Cristóbal, y que esa admiración cristalizó en su residencia de Cuernavaca. Ciertamente ambos edificios guardan semejanzas, como las galerías con arcos, que bien pudieran confirmar esta versión.

Sus muros y almenas denotan el carácter fortificado del recinto que tenía a su servicio 25 esclavos negros e indios. Aún quedan vestigios de los aposentos, molino, repostería, caballerizas, huerto y obradores. Durante las obras de restauración de 1971 a 1973 se descubrieron tinas de tintorería utilizadas en la explotación del gusano de seda.

En este edificio, Cortés procreó a sus hijos, entre ellos a Martín, quien realizó importantes ampliaciones. A través de los años, el edificio sirvió como oficina del alcalde mayor, cárcel, bodega, cuartel y luego palacio de gobierno hasta 1969.

Durante la guerra de Independencia estuvieron prisioneros en el palacio los próceres Nicolás Bravo, Ignacio López Rayón y el paladín José María Morelos y Pavón.

Actualmente es sede del Museo Cuauhnáhuac, orgullo de los morelenses por la afortunada restauración del edificio, por su esmerado cuidado y operación y por el carácter de su museografía que, a través de sus diez salas, refleja atinadamente la historia del estado de Morelos con base en objetos cotidianos, ilustraciones, fotografías, muebles, maquinaria, mapas, herramientas de diferentes oficios, ruecas, telares y en general elementos que de manera atractiva y didáctica ubican al vistante.

Como parte del patrimonio de la ciudad se exhibe el mecanismo del que se supone fue el primer reloj del país, construido por un franciscano e instalado en la Catedral de Segovia. Carlos V lo regaló a Cortés, quien lo envió a Cuernavaca en los primeros años de la Colonia para instalarlo en lo que ahora es la Catedral.

Un motivo adicional de orgullo son los murales que pintó Diego Rivera en 1930, financiados por el embajador Dwight Morrow y que fueron cuidadosamente restaurados en 1994.

El mural del Palacio de Cortés marca un momento crucial en la trayectoria pictórica de Diego Rivera: por primera ocasión desarrolla el tema de la historia de México. El rencor de tres siglos de afrentas lo manifiesta el pintor rabiosamente; la agresión cultural y la intolerancia hispánica le irritan hasta el exabrupto. Los muros se convierten en lección abierta, donde el pintor exhibe su capaci-

Fragmentos del mural de Diego Rivera sobre la historia morelense en el Palacio de Cortés.

dad pedagógica para trasmitir los hechos y en especial sus sentimientos ante esos hechos. El artista demuestra un profundo conocimiento de su pueblo, de su vida, de su entorno y una pasión sin límites que exalta lo propio, después del prolongado periodo de soslayo y aun de desprecio que significó la Colonia. Por eso la mazorca sustituye a la vid, la flora y fauna mexicanas inundan las escenas, se reivindican el cacao y el guajolote, los mercados se desbordan y por primera vez los surcos y los rostros morenos se convierten en atributos. La Revolución Mexicana propició un momento de creación extraordinaria, eufórica. Morelos tiene la suerte y el privilegio de contar en el mural de Diego, con un apasionado canto de amor a México y a la tierra morelense, donde los sacudimientos que caracterizan a toda catarsis están presentes.

La obra tiene pasajes extraordinarios, como el segmento dedicado a la batalla por la toma de Cuauhnáhuac, con todo el dramatismo de la escena donde el amate es utilizado como puente por los conquistadores, o el

La calle Galeana posee el encanto del trazo original de la ciudad. Arriba, un rincón urbano traído al siglo XX desde otros tiempos.

Enfrente, la calle de las Casas y la Plazuela del Zacate, rincones evocadores de la atmósfera provinciana.

guerrero tlahuica tratando de perforar la armadura del español derribado.

Una pareja de zapatistas, hombre y mujer, con un atado de mazorcas que ostenta el año *1910*, ocupan la parte alta del arco central de la nave. En el lado norte del mismo arco aparece una pareja de combatientes insurgentes en la misma posición y con el año *1810*. La utilización del arco resulta un acierto, pues fortalece la idea de la continuidad de la lucha del pueblo mexicano a través de la participación de mujeres y hombres

Las escenas del marcaje a fuego de los indígenas, la construcción de los edificios coloniales –incluyendo el propio Palacio de Cortés bajo el régimen esclavista y la explotación de los trabajadores de la caña– son de acentuada violencia.

Los frisos en grisalla que ocupan la base de los murales son notables; pero un punto clave es la figura de Emiliano Zapata con su blanco corcel que sintetiza la bondad de todo un pueblo y su resolución para reencauzar a la nación entera hacia sus valores originales.

La calle de Hidalgo va desde la colina donde se asienta el Palacio de Cortés hasta la Catedral. A un minuto de la Piedra de los Encantos, si se camina de oriente a poniente, está la Plazuela del Zacate, lugar que lleva ese nombre por ser el sitio donde se concentraban y vendían los diferentes tipos de piensos que alimentaban a las monturas y animales de tiro.

La Plazuela es un ejemplo de lo que debe hacerse para salvaguardar la dignidad e identidad de una ciudad, pues ha sido remodelada para devolverle su carácter. A través de los años ha defendido su nombre original, a pesar de los cambios circunstanciales y los caprichos. Ahora se puede volver a apreciar su fuente y empedrado, su arbolado, sus arbotantes y un conjunto de construcciones que dan un bello aspecto a este rincón.

En la propia Plazuela del Zacate comienza la calle de Las Casas, actualmente una de las más hermosas de la ciudad por su autenticidad. Aunque algunos piensan que el nombre es en

El Palacio de Gobierno, sede del poder ejecutivo estatal.

Arriba, el monumento a José María Morelos domina el parque que lleva su nombre.

honor de fray Bartolomé, parece ser que se llamó así porque en ella se localizaban varias residencias especialmente activas durante las noches. Sugerentes nombres distinguían a cada lugar y hoy todavía se pueden leer algunos: la Casa del Gato Negro, la Casa del Chivo, la Casa del León.

Las Casas cruza el Boulevard Juárez, donde termina su empedrado, y continúa hasta topar con la casa que habitó el célebre escritor Malcom Lowry, hoy hotel Bajo el Volcán.

Si a partir de la Plazuela del Zacate se desciende por la calle de Galeana, vale la pena echar una mirada a la acera poniente donde se encuentran varias casonas de gruesos muros, techos altos, portales añosos y omnipresentes palomares. Un poco antes de la esquina, la vista descubre un detalle único; de manera inusual, de la calle arranca una vereda empedrada que asciende a lo que parece fue el trazo original de la ciudad; el tramo completo lo ocupan villas y mansiones de vieja y conservada factura.

Jardín Morelos
Tiempo de recorrido: 10 minutos

Colindante con el Palacio de Cortés se encuentra el Jardín de los Héroes. En 1908, el gobernador porfirista Pablo Escandón mandó derribar el Mercado Colón para que la ciudad contara con una plaza central. A partir de entonces, ésta ha sufrido modificaciones constantes.

El Jardín se enriqueció con la Fuente del León –más tarde derruida– y con una estatua de Morelos inaugurada por el gobernador Estrada Cajigal; la escultura también sufrió posterior deportación, en este caso a Jonacatepec.

En los años cincuenta fueron instaladas múltiples estatuas de no gran valor artístico, que posteriormente fueron enviadas a diferentes puntos del estado. En 1992 se hizo una nueva remodelación que significó el tras-

El quiosco del Jardín Juárez en una típica mañana dominical.

lado de la estatua de José Ma. Morelos realizada por Juan Olaguíbel y localizada originalmente al costado del Palacio de Cortés. El traslado del "Morelotes", como lo conocen desde siempre los vecinos de la ciudad, se hizo piedra por piedra.

Las constantes modificaciones han impedido que este jardín se consolide definitivamente en la tradición urbana de la ciudad. En este sitio sobreviven con dificultad los famosos fotógrafos con sus caballitos, sombreros y carabinas 30-30 que transformaban al visitante en "guerrillero suriano" para fotografiarlo y casi otorgar constancia de su paso por Cuernavaca.

La construcción del Palacio de Gobierno se realizó entre 1955 y 1969. Se trata de un edificio de tres pisos con fachada de piedra, cantera y tezontle que vino a ser la nueva sede del poder ejecutivo estatal.

Los arcos, patios interiores y espacios del Palacio de Gobierno son elementos evocadores de los palacios virreinales.

Jardín Juárez
Tiempo de recorrido: 10 minutos

Al norte del Palacio de Gobierno se encuentra el jardín más antiguo de Cuernavaca. Fue el sitio de encuentro de muchas generaciones, cuando la vida de los pueblos y ciudades giraba alrededor de sus plazas.

Durante la Intervención Francesa se denominó Plaza Maximiliano, pero a la restauración de la república se le llamó Jardín Juárez. El jardín se distingue por su quiosco, verdadero ejemplo en este tipo de construcciones, que ciudadanos encabezados por Jesús H. Preciado y Manuel Ríos hicieron traer de Inglaterra en 1890 y donde aún toca la banda de música del estado los jueves por la tarde y los domingos por la mañana. Se cuenta que durante la Revolución, cuando el estado y su capital fueron devastados, llegó un ejército de 15 mil hombres para combatir a Zapata. Como el contingente traía diez bandas, éstas se turnaban para tocar diez horas al día.

En la base del quiosco hay expendios de jugos y frutas que son parte de la tradición de la ciudad, como los frondosos laureles que albergan parvadas de zanates que por las tardes crean una algarabía inconfundible para los habitantes de Cuernavaca.

Uno de los hoteles de mayor raigambre en la ciudad fue el BellaVista, localizado frente al Jardín Juárez. Su historia está ligada al proceso revolucionario y al testimonio sobre éste dejado por la inglesa Rosa E. King, quien escribió *Tempestad sobre México*, en el que relata cómo el hotel dirigido por ella hospedó al presidente Madero y a figuras como Felipe Angeles. El edificio dejó de funcionar como hotel y hoy un banco tiene ahí su sede.

En el antiguo café, dentro de la arcada, el pintor tamaulipeco Alfonso Xavier Peña realizó en 1940 un mural con temas de danza popular mexicana. La obra fue encargada por su propietario, Emilio Portes Gil, para que el maestro Peña realizara los mura-

La fuente de la iglesia de Tepetates. Arriba, el patio del viejo hotel Moctezuma.

Enfrente, murales del Hotel Bellavista, obra de Alfonso Xavier Peña.

les, en los que aplicó una innovación técnica ideada por Juan José Segura.

Los murales comprenden escenas dancísticas de la Zandunga, el jarabe tapatío, bailes de Cuetzalan y Veracruz, pascolas y venados yaquis y de manera especial la morelense Danza del Chinelo.

Si se tratara de escoger las facetas más representativas de la ciudad de Cuernavaca, la perspectiva de la calle de Tepetates sería sin duda una de ellas. La esposa del embajador Dwight Morrow, que tanto quiso e hizo por Cuernavaca, se refería con especial afecto a este sitio.

Las artesanías y las tarjetas postales de los cuarenta y los cincuenta incluían, con frecuencia, la imagen de la angosta calle Tepetates que remataba en una colina con la inconfundible iglesita, hermosa por sencilla, y flanqueda por dos cipreses. Se cree que en tal lugar existió un teocali.

En la calle Matamoros, paralela a la Guerrero, esquina con Degollado,

se localiza un edificio de ladrillo de fuerte presencia. Esta construcción es muy importante, pues fue edificada con tabique prensado de la Fábrica de Ladrillos de Cuernavaca, antecedente de la actual industria de materiales de construcción Santa Julia.

Ahí estuvo el antiguo hotel Moctezuma, el primero construido ex profeso para tal fin. Es una de las tres edificaciones de este tipo que sobreviven; las otras son El Castillito y la Casa de la Rinconada.

Este decano de los hoteles morelenses albergó a múltiples viajeros y visitantes; uno de los más ilustres fue captado por la cámara fotográfica al pie de la escalera y luciendo la banda tricolor: Emiliano Zapata, quien convocó en ese lugar a los contados maestros que impartían sus clases durante la Revolución. El edificio está actualmente cerrado, pero su significado histórico obliga a que se le rescate del abandono.

Casa Mañana
Calle Morrow 106-B

A mediados de la década de los veinte, las relaciones entre México y los Estados Unidos eran especialmente tensas; por ello, el presidente de aquel país nombró embajador en México a un diplomático con la habilidad y sutileza necesarias para mejorar el clima entre ambas naciones. Dwight Morrow lo logró con creces en Morelos, donde se granjeó las simpatías y el afecto de los habitantes de Cuernavaca por el cariño que entregó a la ciudad, por el respeto que tuvo por su patrimonio cultural y por la forma en que lo promovió.

Morrow financió la reconstrucción del Palacio de Cortés, que había sufrido fuertes estragos durante la Revolución, y los murales del propio sitio encomendados a Diego Rivera. Pero además dejó en Cuernavaca una edificación de gran significado para

los morelenses, pues representa una típica casona que permite entender lo que fue la Cuernavaca de los años 30. Se trata quizás de una de las primeras edificaciones construidas expresamente para fines de semana, destino que sellaría una parte de la vida de la comunidad.

La construcción fue fruto de los intereses y gustos de la esposa del embajador y del talento constructivo de un maestro de obras del mercado de Cuernavaca. Ante la invariable respuesta de Pancho "el arquitecto" a la pregunta "¿cuándo estará terminada la casa?", la señora Morrow llamó a su villa "Mañana".

La casa era centro de reunión de celebridades de la época, como el aviador Charles Lindbergh, que se dice aterrizó alguna vez en las colinas cercanas a la ciudad y que contrajo nupcias con la hija del embajador. El escritor Luis Cardoza y Aragón, en su obra *El río* cuenta cómo

conoció la casona al visitar –acompañando a Frida– a Diego Rivera durante la época en que pintaba los murales del Palacio de Cortés.

Después de un largo abandono, la casa fue restaurada y ahora es sede de La India Bonita, primer restaurante que se estableció con ese exclusivo carácter en Cuernavaca, dado que anteriormente los restaurantes formaban parte de los hoteles. El menú es constancia de su historia y de los propietarios que ha tenido a través del tiempo. De una familia italiana guarda la tradición de las pastas; de un alemán, el osobuco; de sus propietarios morelenses actuales, la cecina de Yecapixtla, los bistecitos de carne molida en metate y la sopa de flor de calabaza con granitos de elote.

La biblioteca Miguel Salinas.

Enfrente, la Casa Mañana, sede del restaurante La India Bonita.

Biblioteca Miguel Salinas
Tiempo de recorrido: 15 minutos
Horario: lunes a sábado,
de 8 a 20:30 horas

La Biblioteca Pública del Estado se localiza, desde 1946, en la esquina de las calles de Rayón y Comonfort; depende de la Universidad de Morelos y cuenta con un acervo de aproximadamente 15 mil volúmenes. Lleva el nombre del ilustre pedagogo morelense Miguel Salinas y ocupa un edificio de logradas proporciones en sus balcones y vanos.

La biblioteca cuenta con un mural realizado por el pintor veracruzano Norberto Martínez Moreno entre 1951 y 1954. El tema de la obra se refiere a las aportaciones de la región de Cuauhnáhuac a Mesoamérica.

La parte central del mural muestra a un hombre indígena actual que descorre simbólicamente el velo de la ignorancia para conocer el legado cultural de sus ancestros. Con gran colorido se aprecia el trabajo de astrónomos y cronistas prehispánicos y se ha puesto especial énfasis en el tema de la producción del papel amate, vehículo de las ideas y la cultura, en acertado paralelismo con el sitio que alberga el mural.

Martínez Moreno dedica un buen espacio al cultivo del algodón en el señorío de Cuauhnáhuac, producto que incluso provocó una guerra de tinte económico por lo preciado de tal satisfactor. Como siempre sucede en esos casos, los mecanismos de presión, las alianzas y aun los matrimonios fueron necesarios para que los habitantes de México-Tenochtitlan tuvieran acceso a la noble fibra de estos valles. Dice Manuel Rivera Cambas que fue entonces cuando comenzaron a usar la digna ropa de algodón "y fue grande beneficio, pues residiendo en medio de lagos, solamente se cubrían con ayates de ixtle".

33

Casa de la Torre.
Museo Brady

Tiempo de recorrido: 2 horas
Horario: martes a domingo,
de 10 a 18 horas

En la parte posterior de la Catedral, sobre la calle de Nezahualcóyotl, se encuentra una casona señorial que originalmente perteneció al conjunto conventual; en ella destaca la torre utilizada por el obispo Plancarte, hombre de ciencia interesado en la astronomía y la arqueología.

El inmueble fue adquirido en 1961 por el artista y coleccionista Robert Brady, hombre de talento y sensibilidad que reunió a lo largo de su vida obras de arte adquiridas en Africa, Oceanía, América, la India y el Medio Oriente.

La colección incluye obras maestras de Frida Kahlo, Rufino Tamayo, Miguel Covarrubias, Prendergast, Avery y Sutherland, las cuales se in-

El Museo Brady exhibe en su añeja construcción una colección de objetos artísticos de diferentes partes del mundo.

tegran en un armonioso conjunto de 1 300 piezas colocadas exactamente como las dejó el artista, en un juego de contrastes y combinaciones que logró su buen gusto.

El Museo Brady es una conjunción de expresiones universales en un ambiente magistralmente logrado, donde el sello de la Colonia y la naturaleza morelense crean un nicho extraordinario. Junto a esto, el recinto cuenta con una tienda, café y sala de proyecciones.

Al sur de la Catedral se encuentra una vía empedrada que nos permite captar la atmósfera de Cuernavaca en los años veinte. El edificio que hace esquina con la avenida Morelos fue parte integrante del obispado, posteriormente sede de la Cruz Roja y actualmente está dedicado a labores de difusión de la Universidad de Morelos. En su acera norte, la calle alberga al obispado y algunas mansiones con aire de villas florentinas.

Jardín Revolución
Tiempo de recorrido: 15 minutos

Al costado sur de la calle 20 de Noviembre se localiza el Jardín Revolución, construido en 1933 sobre la huerta del convento franciscano, donde abundaban árboles frutales.

Plutarco Elías Calles, quien se había avecindado en la ciudad, financió las obras de remodelación y Cuernavaca contó con un nuevo jardín dotado de alberca, canchas de basquetbol y áreas para descanso. Es interesante observar la barda perimetral del parque, obra del arquitecto Vicente Mendiola, ornamentada con motivos nacionalistas, tendencia propia de la posrevolución.

La pequeña escultura de un niño orinando en la fuente del parque ha sido el símbolo de este lugar; sin embargo, se trata de una copia, ya que el original desapareció.

El Jardín Revolución.

Catedral
Tiempo de recorrido: 1 hora

La Catedral de Cuernavaca tiene una serie de características que la distinguen de otras catedrales mexicanas. No está localizada, como muchas construcciones de su tipo, en una plaza central; tiene una sola torre, forma parte de un complejo de construcciones religiosas y no fue construida para sede del obispado. En 1891 se le elevó al rango de catedral. En la década de los años cincuenta, poco antes del Concilio Vaticano II, el obispo Méndez Arceo promovió su restauración, la cual fue realizada por el arquitecto Gabriel Chávez de la Mora.

Al consumarse la Conquista, Cuauhnáhuac fue una de las primeras ciudades que sufrió la transformación colonial; mas no fueron las construcciones religiosas las claves rectoras de su nueva traza urbana, sino el Palacio de Cortés y su ubicación en el paisaje, además de la recia topografía del sitio. Esta última hizo que entre 1525 y 1529 se nivelara un terreno entre cuatro lomas para levantar el templo, convento y capilla abierta, que son los antecedentes más remotos del templo de La Asunción, hoy Catedral, inmueble representativo de la arquitectura monástica, austera y sobria, típica del siglo XVI en Nueva España

En el siglo XVII, fray Agustín de Vetancourt, historiador de estas nuevas tierras americanas, decía de este templo: "La iglesia es de bóvedas, el cuerpo de la iglesia de cañón entero y la capilla mayor con su crucero de tres bóvedas, la media naranja muy espaciosa; el adorno de retablos y el altar es de todo costo y primor". Desafortunadamente, como sucedió en otras partes del país, estos retablos "de todo costo y primor" fueron retirados a principios del siglo XIX y sustituidos por altares neoclásicos, muy en boga por aquel tiempo.

Aun cuando uno de los elementos característicos actuales de la Catedral

es su única torre, ésta fue construida entre el siglo XVII y el siglo pasado. En 1882, un sismo derrumbó el remate que fue restaurado en fecha posterior.

El atrio perdió sus antiguas capillas posas, que fueron sustituidas por tres templos: la capilla de Nuestra Señora de los Dolores, la antigua capilla de la Santa Cruz –reconvertida al estilo neogótico durante el Porfiriato y dedicada a la Virgen del Carmen en honor de la esposa de Porfirio Díaz– y la más notable construcción del conjunto: el templo de la Tercera Orden.

Los altares neoclásicos, los decorados y la imaginería acumulada durante siglos fueron cubriendo la fisonomía y atributos originales del templo. Con el proyecto del arquitecto Chávez de la Mora, la Catedral recuperó espacios en un intento de integrar una "asamblea cristiana"; al hacerlo, se produjo un espléndido hallazgo en 1957: 400 metros cuadrados de

La torre de la Catedral. Arriba, el conjunto catedralicio.

Páginas siguientes, la nave de Catedral con la pila bautismal en primer plano.

murales que datan del siglo XVII y narran el martirio de san Felipe de Jesús y sus 25 compañeros de misión en Nagasaki, Japón.

Aunque la entrada lateral es la más utilizada y favorecida por la iconografía, la entrada principal es la del poniente. Esta permite ingresar bajo la bóveda del sotocoro que se distingue por sus nervaduras de estilo gótico, que se unen en lo que es quizás la primera representación de la Virgen de Guadalupe en un templo de la Nueva España. Precisamente bajo esa bóveda se encuentra la pila bautismal que, colocada con un leve desnivel, crea una grata visión de la amplitud del recinto.

En la nave solamente hay dos imágenes: un Cristo triunfante que pende del arco que cubre el altar mayor y una representación de la Virgen de la Asunción que, hasta antes de remodelarse el espacio catedralicio, fue la figura central del altar mayor en el antiguo templo de la Asunción.

37

Convento franciscano y Pinacoteca de la Catedral

Tiempo de recorrido: 1 hora
Horario: lunes a domingo, de 8 a 14 y de 16 a 18 horas

El convento franciscano de Cuernavaca fue uno de los primeros de la Nueva España; tuvo gran importancia en el proceso de evangelización de la región y fue paso estratégico a las Filipinas y al oriente. En el inmueble habitaron notables religiosos, como Hernando de Leyva y Motolinía.

El convento, que fuera sede del Seminario Conciliar de Cuernavaca y que actualmente alberga al obispado constituyó un núcleo importante de la antigua Cuauhnáhuac. En 1585, el comisario Ponce daba testimonio de la "iglesia, claustro, dormitorios y huerta, en la cual hay árboles de naranjas, limas, limones y cidras; granadas, plátanos, guayabas, dátiles, gengibre, melones y otras frutas y raíces de la tierra caliente, milpas [...] y hay en ella copia de agua para regarlos todos".

En este claustro se pueden admirar los decorados coloniales de sus muros y una de las más importantes imágenes religiosas de la Colonia, un San Cristóbal con el Niño Jesús a cuestas, figura del siglo XVI de impresionante fisonomía que ha sido exhibida en diferentes museos de México, Estados Unidos y Europa. En el pórtico se aprecia una pintura mural que representa a san Francisco recibiendo las constituciones de su orden de manos del papa Inocencio III.

Como continuación de la obra en favor del patrimonio cultural morelense iniciada por el obispo Francisco Plancarte y Navarrete, el ingeniero Juan Dubernard fundó en 1987 el Capítulo Morelos de la Sociedad Defensora del Tesoro Artístico de México. Uno de sus intereses básicos fue preservar el tesoro sacro de la Catedral, el cual –siguiendo la tónica y espíritu del Concilio Vaticano II– había sido embodegado temporalmente, con riesgo de acelerar su deterioro.

Con entusiasmo y esfuerzo, los continuadores de la obra de Plancarte y Dubernard se incorporaron al pro-

grama Adopte una Obra de Arte y lograron integrar un equipo de patrocinadores y el apoyo del taller de restauración del INAH para hacer posible que en mayo de 1993 se contara con 58 cuadros restaurados, que habían sido pintados originalmente entre los siglos XVI y XIX.

La Pinacoteca tendrá en el futuro un espacio acorde con su valor artístico e histórico; de momento se encuentra en el interior del antiguo convento de la Asunción.

La colección incluye uno de los tres únicos apostolados que existen en el país; sólo El Altillo, en Coyoacán, y la Catedral de Puebla cuentan con conjuntos de doce cuadros de un solo autor que representan a igual número de apóstoles.

Otra de las joyas de la Pinacoteca es *La estigmatización de san Francisco de Asís*, un altorrelieve del siglo XVI que quizás formó parte del retablo de la actual Catedral. Obras de Simón Pereyns, Gusmán, Rafael Flores e incluso alguna atribuida a Correa también son parte de este patrimonio centenario.

Capilla Abierta

Tiempo de recorrido: 10 minutos

Colindante con la entrada principal del convento franciscano y la de Catedral se localiza la capilla abierta de San José, quizás la más antigua de las construcciones del conjunto y que, a pesar de haber visto reducido su espacio original, conserva su carácter monumental.

La capilla abierta de San José se vio revitalizada durante el obispado de Sergio Méndez Arceo, tanto en su función litúrgica, cuanto en su nueva y digna utilización como escenario de eventos culturales.

Obras de la Pinacoteca de la Catedral: *San Juan Bautista*, obra anónima del siglo XVI. *La estigmatización de san Francisco de Asís*, alto relieve del siglo XVI. *San Felipe Benizzi*, óleo del siglo XVII.

Enfrente, claustro del convento franciscano de Cuernavaca.

San Cristóbal con el niño Jesús, obra del siglo XVI, y tesoro del patrimonio sacro morelense.

Enfrente, la monumental capilla abierta de San José, una de las
construcciones más antiguas de la Catedral.

Tercera Orden
Tiempo de recorrido: 20 minutos

La iglesia de la Tercera Orden de San Francisco es una de las joyas coloniales de Morelos. Su origen fue una modesta capilla, que se sustituyó por una iglesia mandada a construir por el presbítero Nicolás Jerez en 1722.

El templo de la Tercera Orden está lleno de atributos, como su frontis barroco, donde la mano indígena incluyó, entre lo franciscano, personajes tocados con penachos prehispánicos. Otro elemento que llama la atención es la puerta lateral con su media cúpula semejante a una gigantesca concha marina. En la imaginación que forma la memoria se dibuja otro atributo que sin duda hizo a este templo singular: su fachada estaba policromada.

En el interior del recinto luce espléndido el retablo churrigueresco del altar mayor, trabajado con hoja de oro. Tiene nueve nichos, ocho de ellos con tallas de santos estofadas en oro.

La iglesia de la Tercera Orden de San Francisco, joya del barroco indígena.
Arriba, tallas estofadas de san Francisco de Asís y de la Purísima Concepción en los nichos del retablo churrigueresco.

Palacio Municipal
Tiempo de recorrido: 15 minutos

Frente a la Catedral, en el lado poniente, se encuentra el Palacio Municipal. Es un edificio de sencilla fachada, adquirido por el estado en 1883 para servir como residencia del gobernador y como sede del Congreso del estado. Desde 1890 es el recinto de las autoridades municipales.

En el edificio se encuentra una serie de pinturas de Salvador Tarazona, así como la sillería tallada por el mismo autor para el Congreso del estado. Las obras de Tarazona trasladadas a este inmueble son interpretaciones de la vida prehispánica.

Aquí se encuentra también la pintura al óleo de Roberto Cueva del Río *Congreso de Apatzingán*, donde el artista representó la toma de posesión de Juan Alvarez como presidente de la República, con la presencia de Benito Juárez, Melchor Ocampo y otros próceres.

44

Los corredores del patio del Palacio Municipal están decorados con pinturas de Salvador Tarazona.
Arriba, entre la cúpula y la torre de la iglesia de la Tercera Orden se aprecia el templo de Guadalupe.

Jardín Borda

Tiempo de recorrido: 2 horas
Horario: martes a domingo,
de 10 a 17:30 horas

El Jardín Borda es uno de los sitios más característicos de la ciudad y se localiza en la avenida Morelos, casi enfrente de la Catedral. Fue construido en el siglo XVIII por Manuel de la Borda y Verdugo, hijo del célebre minero de Taxco José de la Borda.

Don Manuel fue sacerdote y un apasionado estudioso de la botánica y la horticultura, de ahí el carácter de jardín botánico y huerto de aclimatación que tuvo este sitio.

A través del tiempo, el Jardín Borda ha sido destinado a actividades muy disímbolas: posada, posta de diligencias, oficina pública, residencia veraniega del emperador Maximiliano, centro nocturno y ahora museo y parte integrante del Instituto de Cultura de Morelos, donde se llevan a cabo conciertos, exposiciones y otras actividades culturales.

El edificio tiene un larga historia reflejada en sus diversas etapas constructivas. Entre 1990 y 1991, el Jardín mereció una esmerada restauración dirigida por la arquitecta Eulalia Silva, quien ha señalado que el edificio es uno de los raros ejemplos de trazo barroco a la usanza morisca.

La fachada es austera y se ingresa por un portón a un patio central rodeado de columnas toscanas. El espacio abierto crea un excelente marco a la espléndida cúpula del templo de Guadalupe, que luce recortada entre el tejado y el azul del cielo.

Un segundo patio, delimitado por una barda de arcos invertidos, es el preámbulo a los jardines escalonados que caracterizan al lugar.

Paseos y glorietas con fuentes de trazo barroco crean un peculiar conjunto y nos recuerdan que existieron notables juegos de agua por gravedad, a la usanza morisca, que en medio de la frondosa flora crearon un sitio de excepcional belleza. Al final del jardín se construyeron dos miradores que seguramente marcaron el inicio de una moda para las grandes mansiones de Cuernavaca. Estos miradores fueron frecuentados especialmente por las tardes para disfrutar de los crepúsculos y del estimulante chocolate, por lo que también se les conoce como "chocolateros".

El Jardín tiene un estanque que contó con embarcaciones pequeñas y aun trajineras para su inauguración. Fue célebre la fiesta con fuegos artificiales que ofreció Manuel de la Borda al arzobispo de México, Alfonso Núñez de Haro y Peralta, en ese lu-

Una de las fuentes del Jardín Borda, famoso por sus juegos de agua.

gar, donde hoy se tiene un teatro al aire libre.

El Jardín Borda fue el sitio preferido para agasajar a los visitantes distinguidos; bajo sus árboles comieron y disfrutaron en diferentes momentos el virrey de la Nueva España Matías de Gálvez, Maximiliano y Carlota, los presidentes Sebastián Lerdo de Tejada, Porfirio Díaz y Francisco I. Madero, Plutarco Elías Calles y personajes como Guillermo Prieto, Genovevo de la O y Emiliano Zapata.

En 1950, el inmueble estuvo en grave peligro de ser derruido, cuando Elmer Ray Jones pretendió construir un moderno hotel, hecho al que se opusieron los habitantes de la ciudad.

La afortunada restauración del área de habitaciones y su jardín privado permitió rehabilitar dicho espacio y crear la Sala Juárez, que incluye un museo de sitio y salones para exposiciones temporales.

El templo de Guadalupe. Arriba, por los corredores de éste jardín transitaron célebres personajes de la historia de México.

Templo de Guadalupe
Tiempo de recorrido: 15 minutos

A finales del siglo XVIII, Manuel de la Borda mandó construir la iglesia de Guadalupe en el terreno vecino al Jardín Borda. El poderío económico de la familia Borda era notorio: *Dios da a Borda y Borda da a Dios*, decía su padre; por ello, el templo fue realizado sin las penosas etapas que normalmente caracterizaban la edificación de las iglesias coloniales. Por su belleza fue utilizado como oratorio real por Maximiliano y Carlota.

La fachada barroca tardía tiene un acceso con arco de medio punto flanqueado por columnas y nichos con esculturas. En el segundo cuerpo cuenta con un medallón en bajorrelieve de la Virgen de Guadalupe. Lo más notable del templo es su elegante cúpula de magníficas proporciones.

Salto Chico
Tiempo de recorrido: 40 minutos

Si se baja por la calle de H. Preciado, se llega el estadio de beisbol conocido como La Leona, que hace esquina con la calle de Salto Chico; si se continúa por ésta, se encuentra la privada del mismo nombre, en cuyo final está la escalinata por la cual se desciende a la pequeña cascada de Salto Chico.

El lugar es de inusual belleza y conjunta la hermosa vegetación de las barrancas de Cuernavaca con las rocas basálticas que rodean el salto.

El sitio ha sido remozado y cuenta con un andador que permite llegar a la cascada y dar un agradable paseo por la ribera del río.

Salto de San Antón
Tiempo de recorrido: 1 hora

A tres kilómetros del centro de la ciudad se encuentra el antiguo pue-

Los viveros de San Antón; este barrio es reconocido por su alfarería y por el salto de agua enmarcado por prismas basálticos.

Enfrente, arriba, la cascada del Salto Chico, abajo, cerámica regional.

blo de San Antonio Analco, hoy barrio de San Antón, famoso por su salto de agua de 36 metros, entre prismas de basalto cristalizado y frondosa vegetación. Gracias a las escalinatas con las que se facilita el recorrido, el vistante puede situarse atrás de la cascada y llegar a los pequeños manantiales que la circundan.

Los alrededores del poblado de San Antón se distinguen, además, por su alfarería, principalmente macetas y vasijas, así como por los múltiples viveros que ofrecen plantas y flores de la región.

El escritor Guillermo Prieto le dedicó este poema:

> *Vive, ¡oh cascada!, vive; y tu belleza,*
> *joya hermosa, del Sur forme el encanto*
> *de los que vierten a sus solas llanto,*
> *cual las gotas que vierten tus raudales*
> *y tus columnas de basalto embeben.*

Las Mañanitas

A diez minutos en auto desde el centro de Cuernavaca, en la esquina de Ricardo Linares y Alvaro Obregón, está el célebre restaurante Las Mañanitas. Fundado en 1955, ha sido catalogado internacionalmente como uno de los 25 restaurantes más famosos del mundo. En 1991 obtuvo el primer lugar entre 411 de los más exclusivos restaurantes y hoteles de 40 países.

Las Mañanitas cuenta con el maravilloso entorno de un jardín propio de las grandes mansiones de Morelos. Aves exóticas deambulan entre los comensales, las esculturas de Zúñiga y los músicos que amenizan la comida.

Una colección de pinturas de José Luis Cuevas, Vicente Gandía, Carlos Mérida, Gunther Gerzo, Leonardo Nierman y otros renombrados artistas dan un toque especial al lugar.

El Calvario

E n la confluencia de Morelos y Matamoros, dos de las principales arte-

**El Calvario, colonial testigo del paso de peregrinos y de las riquezas de la Nao de China.
Arriba, Las Mañanitas, prestigiado hotel y restaurante.**

Enfrente, el puente colgante del Paseo de las Barrancas.

rias de Cuernavaca, se localiza un monumento conocido como El Calvario. Su nombre probablemente se deba a que se localiza en lo que debió haber sido uno de los límites de la ciudad, con una cruz en su punto de mayor elevación. Se trata de un cruce de caminos, entrada de los viajeros procedentes de México y lugar de pernocta para los peregrinos en tránsito a Chalma y Tlaltenango.

Se construyó, según la inscripción del monumento, en 1538 y se sabe que su edificación fue motivo de conflicto, ya que se quiso obligar a los indios a acarrear piedra sin remunerarlos, por lo que tuvo que intervenir la Real Audiencia para dar la razón a los indígenas.

La pequeña construcción, casi una ermita, ostentaba escudos españoles que fueron demolidos al consumarse la Independencia; sólo se salvó el del lado poniente. En 1772, se consagró a la Guadalupana, cuya imagen fue derribada en los años treinta y recuperada, restaurada y vuelta a colocar en 1948. Desde entonces, cada 12 de diciembre se celebra la fiesta respectiva.

El Castillito, construcción porfiriana sede del pequeño Museo de la Fotografía. El Puente Porfirio Díaz es famoso por sus graciosas fuentes.

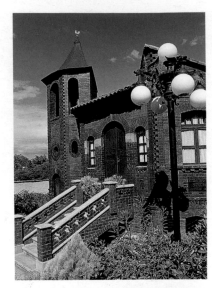

El Castillito. Museo de la Fotografía
Tiempo de recorrido: 10 minutos
Horario: martes a domingo, de 11 a 19 horas

Del costado oriente de El Calvario desciende en una verdadera espiral, típicamente cuauhnahuacense, la calle Agustín Güemes. Precisamente en el arranque de la curva se encuentra una inconfundible construcción porfiriana de tabique de clara influencia francesa.

Los habitantes de la ciudad la conocen como El Castillito. Fue edificada a principios de siglo para que sirviera de vivienda al encargado del parque Porfirio Díaz. Durante la Revolución siguió la suerte de la ciudad: fue abandonada con el consecuente deterioro.

En los años treinta, el gobernador Vicente Estrada Cajigal reconstruyó el pequeño edificio. En 1986, por iniciativa del ingeniero Sergio Estrada y con la colaboración del ingeniero Juan Dubernard, el ayuntamiento lo destinó como sede del Consejo Consultivo Municipal y del Museo Fotográfico de la Ciudad.

El recinto es realmente una miniatura; sus pequeñas salas cuentan con muebles de la época y exhiben en una agradable atmósfera algunas de las fotografías más antiguas de la ciudad.

Puente y parque Porfirio Díaz
Tiempo de recorrido: 20 minutos

El puente Porfirio Díaz fue inaugurado en 1899 por el propio general que le dio nombre, cuando visitó esta ciudad para poner en marcha el ferrocarril a Cuernavaca. Dos años más tarde se instalaron tres fuentes, dos sobre el puente y una sobre un jardín a la orilla de la barranca. Es un lugar

Enfrente, El Paseo de las Barrancas salvaguarda la flora y los cauces que bajan de la sierra para ofrecer al paseante el entorno natural original de Cuauhnáhuac.

fresco y agradable para el descanso y la meditación.

Paseo de las Barrancas
Tiempo de recorrido: 2 horas

Cuernavaca es una ciudad entre barrancas; sus calles que suben y bajan ondulantemente obedecen a los caprichos de sus colinas y de los ríos que incansablemente la modelan. Hasta hace poco, las barrancas y las huertas determinaban el paisaje de la antigua Cuauhnáhuac; desafortunadamente, la inmensa mayoría de sus huertas desapareció y sus barrancas sufrieron grave deterioro ecológico.

Diego Rivera se cautivó ante la magnífica naturaleza de las barrancas de Morelos, que plasmó en sus murales del Palacio de Cortés. La conjunción de amates, helechos, musgos, lianas, rocas y aguas en movimiento permaneció invisible a quienes atravesaban raudamente los puentes sin tener tiempo para detenerse y apreciarlas.

Actualmente se ha concluido la primera etapa de una obra que pone al visitante en contacto con uno de los entornos característicos de la ciudad: se han construido senderos que a través de su frescura ofrecen un compendio de la rica naturaleza que, respetada y limpia, vuelve a ofrecer un entorno maravilloso.

El visitante puede comenzar su recorrido en la calle de Carlos Cuaglia, precisamente donde están los arcos del viejo acueducto, y dar un tonificante paseo hasta el parque Porfirio Díaz, o bien comenzar en éste.

La obra continuará hasta el callejón del Diablo y de ahí al túnel, donde se podrá apreciar el nacimiento de uno de los veneros que surte de agua a Cuernavaca. Estas últimas secciones representarán 600 metros de verdor y frescura para el visitante.

Danzantes en la Feria de
Tlaltenango, que reúne cada
septiembre a peregrinos de
todo el país.

La parroquia de Tlaltenango.
La portada del pequeño templo de
San Jerónimo y la cruz tequitqui
del siglo XVI.

Tlaltenango

Este pueblo –absorbido ahora por Cuernavaca– tiene gran importancia para la historia económica y social de la ciudad y del país. Fue uno de los primeros lugares donde se ensayó a nivel industrial el cultivo de la caña y la producción de azúcar, fenómeno clave del nacimiento del colonialismo. Baste señalar que en Tlaltenango llegaron a convivir hombres y mujeres provenientes de 16 etnias africanas que, junto con los indígenas, eran la fuerza de trabajo que sostuvo este renglón esencial de la economía novohispana.

Los vestigios del primer ingenio son apenas perceptibles entre los muros de viejas construcciones vecinas a la escuela primaria del barrio.

En 1523, dos años después de la caída de Tenochtitlán, Hernán Cortés ordenó la edificación de un templo que, según placa en el sitio, lo cataloga como *Primera Capilla de América Continental, según títulos del pueblo, 1521-1523*. Esta afirmación podría ser motivo de polémica; sin embargo, lo que está fuera de duda es que se trata de una de las construcciones más antiguas de la era colonial.

La iglesia de San José Tlaltenango ha caído en desuso, tal vez por su vecindad con el importante santuario con el que colinda. Su puerta principal está permanentemente cerrada, sólo hay un acceso a través del templo contiguo.

En 1720 se atribuyó la aparición de una imagen de la Virgen en el pueblo de Tlaltenango; la efigie permaneció durante diez años en la iglesia de San José. Para albergar la imagen con mayor suntuosidad se construyó un nuevo templo en 1730 al que se agregó, en 1886, la torre que da cabida a la campana más grande y de más bello timbre de Morelos.

Nuestra Señora de los Milagros de Tlaltenango ha sido motivo de la veneración popular. Cada 8 de septiembre el barrio celebra su fiesta con gran algarabía; las peregrinaciones de todo el estado y las de entidades circunvecinas y aun del extranjero abarrotan su atrio y el barrio entero.

Un mural del pintor Roberto Martínez García en el límite sur del atrio da testimonio de este fenómeno que ha causado la devoción popular.

Capilla de San Jerónimo
Tiempo de recorrido: 10 minutos

Si se cruza la avenida Zapata, desde las iglesias de Tlaltenango, se llega en unos minutos a la calle de San Jerónimo, donde se encuentra un pequeño templo de gran personalidad.

A mitad del siglo XVI, la capilla de San José fue insuficiente para dar cabida a los feligreses; se inició entonces la construcción de un templo dedicado a San Jerónimo y destinado al uso del pueblo.

El edificio es pequeño, pero con un especial encanto, al que contribuye un florido jardín con un gran laurel. Su portada fue profusamente decorada durante el siglo XVII con motivos florales hechos de argamasa; la torrecilla y sus muros almenados con merlones son muestra inequívoca de su pertenencia franciscana primitiva. Dos leones melenudos sobre los capiteles de las columnas del frontis agregan un ingrediente popular al conjunto.

Si se sigue el descenso por la calle de San Jerónimo, se llega, a una cuadra del templo, a una hermosa cruz del siglo XVI que, permanentemente acicalada por los vecinos del barrio, sirve para recordar antiguos límites. El estilo de este monumento es tequitqui, término utilizado en artes plásticas para calificar la unión de elementos españoles e indígenas.

55

Iglesia de los Tres Reyes Magos
Tiempo de recorrido: 25 minutos

El pueblo de Tetela, ahora conurbado a Cuernavaca, se localiza en la parte norte de la Calzada de los Reyes. Uno de sus orgullos es el templo de los Tres Reyes Magos, cuyos probables orígenes se remontan al siglo XVI; la construcción se distingue por ser escenario de un interesante fenómeno: la conjunción de un edificio colonial con una expresión artística contemporánea.

El atrio requería de una barda perimetral y la tarea fue asumida por John Spencer, un escultor inglés avecindado por largo tiempo en Cuernavaca. Spencer logró un interesante ensamble entre las líneas de la arcaica construcción y las ondulantes formas de su muro y herrería floral que da movimiento y carácter especial al conjunto. La barda es una obra escultórica sustentada en estudios y reflexiones místicas del autor. Pretende, además, ser un instrumento sugerente y lúdico para los niños.

Universidad de Morelos
Tiempo de recorrido: 30 minutos

El campus principal de la Universidad Autónoma del Estado de Morelos se localiza en Chamilpa, en el extremo norte de la ciudad; se llega a él por la Av. Universidad que parte de Buenavista, donde se encuentra el monumento a Zapata y el comienzo de la antigua carretera Cuernavaca-México.

La UAEM estuvo durante años diseminada en edificios del centro de la ciudad. El campus actual había sido planeado originalmente para ser la sede del H. Colegio Militar, pero las obras fueron abandonadas hasta que se decidió que fuera el nuevo campus universitario. El conjunto ha crecido y hoy da cabida a sus diferentes escuelas, facultades, Rectoría y otras dependencias, entre ellas varios centros de investigación de la UNAM. Esto último es de gran importancia, pues representa el núcleo donde comenzaron las tareas de la más reciente investigación científica en nuestro país.

Parque Melchor Ocampo
Tiempo de recorrido: 30 minutos

En 1897, Porfirio Díaz inauguró, con el nombre de su esposa Carmen Romero Rubio, este parque poblado de ahuehuetes y manantiales que abastecían a la ciudad. Posteriormente, durante el gobierno de Vicente Estrada Cajigal, se reforestó el parque, se construyó una alberca y fue rebautizado con el de Emiliano Zapata.

Hoy, este bello remanso de paz dentro de la ciudad se conoce como Parque Melchor Ocampo y entre sus servicios cuenta con una biblioteca.

La iglesia colonial de Tetela con su innovadora barda perimetral y una panorámica del campus de la Universidad Autónoma de Morelos.

Enfrente, el parque Melchor Ocampo.

From Here

Teopanzolco

Tiempo de recorrido: 1 hora
Horario: lunes a domingo,
de 10 a 17 horas

A cinco minutos en auto del centro de la ciudad, en el fraccionamiento Vista Hermosa, está Teopanzolco, que en náhuatl significa "en el templo viejo". Se trata de un importante centro ceremonial tlahuica contemporáneo de los aztecas, lo que explica su similitud con el tipo de construcción del

Vista aérea de la zona arqueológica de Teopanzolco, centro ceremonial mesoamericano preservado en medio de un área residencial.

Enfrente, tobogán del balneario El Texcal, vecino del área de protección ecológica del mismo nombre.

Templo Mayor de Tenochtitlán, Tlatelolco y Tenayuca.

Este lugar era conocido como El Mogote. Durante la Revolución fueron descubiertos los muros de la construcción prehispánica, por accidente, ya que en este sitio fue emplazado un cañón, cuyas vibraciones en el momento de disparar provocaron desprendimientos de tierra que dejaron al descubierto parte de la estructura que hoy se observa.

Las posteriores excavaciones sacaron a la luz estructuras piramidales sobrepuestas, de acuerdo con la usanza prehispánica de encimar las sucesivas etapas constructivas. En forma inusual, los arqueólogos dejaron un foso entre dos de las estructuras, como una especie de corte en el tiempo.

La zona consta de 14 monumentos, dos de ellos circulares. El edificio más importante estaba dedicado a Tláloc-Huitzilopochtli.

Balneario El Texcal

Camino a Cuautla, vía Cañón de Lobos, a seis km se encuentra la desviación al balneario El Texcal, uno de los parques acuáticos más importantes de Morelos

El Texcal es una zona de 407 hectáreas sujeta a conservación ecológica. El área es representativa de la selva baja caducifolia, uno de los ecosistemas menos estudiados pero más extendidos en México y en especial en Morelos, donde ocupa el primer lugar en los ecosistemas del territorio estatal.

El balneario cuenta con una gran alberca de olas, chapoteaderos, cuatro toboganes, un sistema de lluvia artificial sobre las piscinas, instalaciones deportivas, juegos infantiles, restaurante y música viva los fines de semana y días festivos. Se trata de una gran instalación recreativa.

Antigua hacienda de Atlacomulco
Tiempo de recorrido: 1 hora

Para llegar a la hacienda de Atlacomulco hay que situarse al comienzo
del Paseo Cuauhnáhuac y tomar la
calle 10 de Abril; luego de 2.5 km de
recorrido se arriba a uno de los sitios
más importantes en la historia industrial de México: el antiguo ingenio de
Atlacomulco. Hoy habilitado como hotel y restaurante Hacienda de Cortés,
aún encierra claves fundamentales
para la historia del desarrollo económico y social de Cuernavaca, de Morelos y de todo el país.

Atlacomulco fue establecido como
ingenio en 1535 por Hernán Cortés.
Su historia es única en la medida en
que las haciendas coloniales se dis-
tinguieron por su gran rotación de
propietarios, dadas las vicisitudes,
problemas e intrigas de la época. Atlacomulco se mantuvo en manos de los
descendientes de Cortés, desde su
fundación hasta el presente siglo, lo

**Entrada e interior del hotel
Hacienda de Cortés, antes llamada
de Atlacomulco.**

**Enfrente, antiguo espacio dedicado
a la producción de azúcar, hoy
convertido en comedor.**

que la constituye como la empresa
industrial de más larga historia en
nuestro país.

En esta hacienda de los marque-
ses del Valle, manos indias y negras
sustentaron uno de los ramos productivos más importantes de la Nueva
España.

El vergonzoso fenómeno de la es-
clavitud tuvo como uno de sus escenarios este sitio, el cual recibió a 28
etnias africanas que dejaron aquí su
trabajo y vida: biafaras, mandingas,
araras, congos, mocangas y cibalas,
por mencionar algunos, implantaron
la tercera raíz de México. Pero no
todo fue trabajo: las montañas de esta
tierra supieron de sus hazañas como
cimarrones, lucha que honra y enri-
quece la historia de Morelos.

Hoy, esa historia de trabajo obli-
gado y de rigores que hacían penosa
la vida ha quedado atrás, pues la hacienda de Atlacomulco se puede visitar en cualquier momento y disfrutar
de un reconfortante descanso en sus
jardines e instalaciones.

62

Sumiya
Tiempo de recorrido: 1 hora

Muy cerca de Atlacomulco está Sumiya, cuya historia bien vale la pena contarse. En la década de los cincuenta, la millonaria Barbara Hutton, célebre por ser la heredera de la fortuna Woolworth y por sus múltiples matrimonios, mandó localizar un sitio ideal para la paz, la creación y la longevidad. Después de explorar varios sitios en el mundo, se determinó que en el valle de Cuernavaca se localizaba el idílico lugar que, por su clima, ubicación y raíces históricas, reunía

El lago artificial de Jungla Mágica en el Parque Chapultepec.

Enfrente, diferentes ángulos del conjunto japonés Sumiya, hoy transformado en hotel y club deportivo.

los atributos buscados. La Hutton mandó construir el monumental conjunto japonés Sumiya, sin escatimar gastos en la importación de materiales, mobiliario, pinturas y artículos decorativos de Oriente.

Sumiya fue diseñado por maestros de la arquitectura y la filosofía japonesas, e instalaron desde una réplica del portón del palacio del shogun del siglo IV a.C., hasta un teatro kabuki, además de un jardín para la meditación, un salón de té, puentes de madera y desde luego suntuosas habitaciones, salones, cocinas, cavas y otros espacios.

Las acequias tradicionales de esta región agrícola fueron aprovechadas para crear cascadas y riachuelos; la feraz vegetación morelense dio una nueva atmósfera a los edificios orientales que vieron desfilar a famosos personajes de la época.

Actualmente, Sumiya está abierto al público, que puede utilizar sus servicios de hotel, restaurante y club deportivo.

Parque Chapultepec. Jungla Mágica
Tiempo de recorrido: 2 horas
Horario: jueves a domingo,
de 10 a 18 horas

El pueblo de Chapultepec ha sido famoso por sus manantiales; de ahí partía el acueducto que llevaba, desde el siglo XVII, el agua a la hacienda de Cortés en Atlacomulco.

Durante el gobierno de Vicente Estrada Cajigal se le habilitó como balneario; en 1931 se reforestó para darle una hermosa fisonomía con árboles y cascadas que lo convirtieron en lugar preferido de los niños y habitantes de Cuernavaca.

A partir de 1968, las 60 hectáreas de Chapultepec fueron habilitadas como parque de diversiones, por lo cual han sufrido diferentes adaptaciones. Actualmente está concesionado a Jungla Mágica y cuenta con delfinario, exhibición de aves, planetario, lago artificial, restaurante y juegos infantiles.

Hostería Las Quintas
Tiempo de recorrido: 1 hora

Las Quintas es uno de los sitios turísticos de Cuernavaca con renombre internacional. Conjunta hermosos jardines, una notable colección de bonzais y la exclusividad de su hotel y restaurante. Se localiza en la calle de Díaz Ordaz, casi esquina con Av. Cuauhtémoc.

Acapantzingo
Tiempo de recorrido: 2 horas

La naturaleza privilegiada del sureste de Cuernavaca, la fragancia y frescura de sus antiguas huertas y acequias hicieron de Acapantzingo, desde tiempo inmemorial, un sitio preferido por los señores de Cuauhnáhuac. Cecilio A. Robelo señala que Cortés

El Olindo, casa campestre construida por Maximiliano para Carlota.

Enfrente, el hotel Las Quintas.

y sus capitanes, después de la ocupación de Tenochtitlán, fueron hospedados en tal sitio como una deferencia.

A través de los años, Acapantzingo se conservó como un entorno de particular atractivo.

Algunos cuentan que Maximiliano llegó a Acapantzingo en un paseo a caballo; otros sostienen que fue invitado a un banquete. Lo que está claro es que el emperador quedó cautivado por el pequeño poblado, en especial por una huerta de cuatro hectáreas, ubicada frente a la iglesia de San Miguel, que rodeaba una casa de campo que adquirió Maximiliano.

Al parecer, la finca fue bautizada como El Olindo, en recuerdo de los amantes creados por el poeta italiano Torcuato Tasso: Olindo y Safronia. Luego, el habla popular, para quien el nombre era harto extraño, lo convirtió en El Olvido. Hay que recordar que éste no fue el único caso de un cambio de nombre. Maximiliano, por su alta investidura, era llamado "su sacra real majestad". El pueblo, aca-

so sin que mediara malicia alguna, lo llamaba "su sacarreal majestad". Sea como fuere, el hecho es que la sugerencia romántica está a la vista y acompaña perfectamente a las historias amorosas que se tejieron alrededor del archiduque austriaco en tierras morelenses.

La casa principal la reservó Maximiliano para él y su escolta. Es en forma de U con una terraza que abraza el pequeño jardín y su fuente. Un pasillo en el centro permite el acceso al resto de la propiedad. Inmediatamente después se encuentra el pabellón mandado a construir por el emperador y que es conocido como Casa de la India Bonita, que cuenta, además de las habitaciones, con una sala que se prolonga en una terraza de donde se desciende al estanque.

Existen versiones sobre las inclinaciones de Maximiliano por dos jóvenes morelenses: Guadalupe Martínez y Concepción Sedano. Nadie sabe a ciencia cierta dónde comienza y dónde termina la fantasía, pero la in-

sistencia es clara en señalar el aprecio del Habsburgo por las doncellas indias y bonitas. Actualmente, la Casa de Maximiliano es sede del Instituto Nacional de Antropología e Historia en Morelos y cuenta con instalaciones para el trabajo de arqueólogos e historiadores. El público puede visitar el Museo de la Herbolaria y la Medicina Tradicional y el Jardín Etnobotánico, herencia del trabajo y entrega del investigador chileno-morelense Bernardo Baytelman.

Iglesia de Palmira
y Casa de Cárdenas

A quince minutos en automóvil desde el centro de la ciudad, en el fraccionamiento Lomas de Cuernavaca –que a mediados de los cincuenta

La arquitectura de la iglesia de Palmira y la casa de Lázaro Cárdenas.

Enfrente, Jardín Etnobotánico de Acapantzingo.

marcó un concepto de vanguardia en desarrollos residenciales–, se erigió un templo con base en un audaz proyecto arquitectónico que aprovechó la fuerza escénica de una estratégica colina e incorporó al paisaje una futurista capilla abierta.

Los arquitectos Manuel Larrosa y Guillermo Rosell, con el diseño estructural de Félix Candela, construyeron un notable paraboloide hiperbólico de una sola pieza, con la técnica de membrana o cascarón de concreto –que en la lejanía semeja una estilizada silla de montar–, con un campanario en forma de cruz.

El interior de la iglesia fue diseñado para permitir una conjunción con el paisaje y lograr un espacio de reconfortante paz. Desgraciadamente, el concepto original se ha dañado por el desafortunado agregado de una imagen que no corresponde en lo absoluto a tan espléndido diseño que, en su momento, mereció la atención de las más prestigiosas publicaciones de arquitectura internacional.

En los alrededores de la colina se encuentran diferentes elementos escultóricos en plazas y camellones que corresponden a un momento de creación en el que se intentó incorporar motivos plásticos en áreas públicas.

Al salir del templo, si se desciende por la avenida Palmira, se llega a la pequeña Plaza de la Enseñanza, lugar donde se halla una escultura dedicada a las profesoras normalistas, realizada por el maestro Augusto Escobedo. De la plaza parte un camino a cuya vera se encuentran un jardín de niños, una primaria, una secundaria y una escuela de educación especial. Se trata de un pequeño complejo educativo construido en terrenos donados por el general Cárdenas.

Al final del sendero descrito se localiza la casa de descanso del que fuera presidente de México. La importancia histórica del sitio es que en las afueras de la casona, de acuerdo con las memorias del propio mandatario, se tomó la trascendental decisión de nacionalizar la industria petrolera.

Palmeras, bugambilias, jacarandas, fuentes y piscinas, esenciales en el diseño de los jardines para las

mansiones de recreo y de descanso construidas en Cuernavaca, la ciudad de la eterna primavera.

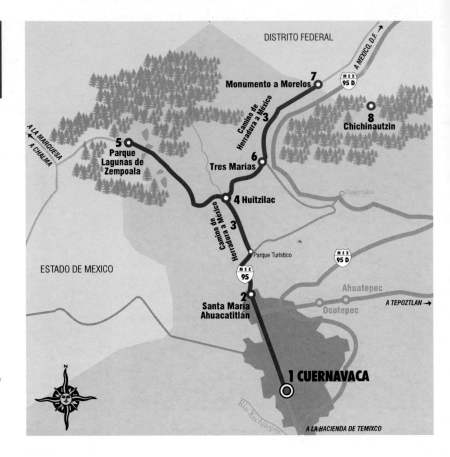

1. Cuernavaca
2. Santa María Ahuacatitlán
3. Camino de Herradura a México
4. Huitzilac
5. Parque Lagunas de Zempoala
6. Tres Marías
7. Monumento a Morelos
8. Chichinautzin

El recorrido por las tierras altas de Morelos comienza precisamente en la entrada del bosque de pinos, encinos y oyameles que caracteriza la región norte del estado. Los bosques y sus praderas de alta montaña son el recuerdo que permanece en la mente cuando se recorre el camino México-Cuernavaca, conocido comúnmente como "la carretera vieja".

La ruta que proponemos corresponde al municipio de Huitzilac. Sus alturas oscilan entre los dos mil y los cuatro mil metros sobre el nivel del mar, cruza una de las regiones menos habitadas del estado y está formada por bosques, precipicios y cañadas que fueron territorio de lobos, pumas y venados, hoy extintos.

Dada la importancia de sus ecosistemas, la región cuenta con dos áreas protegidas: el parque nacional Lagunas de Zempoala y el corredor biológico Ajusco-Chichinautzin.

Enfrente, pinares entre la niebla de las Lagunas de Zempoala.

Santa María Ahuacatitlán

Una antigua fotografía del archivo Casasola muestra a Porfirio Díaz cabalgando por un hermoso bosque. La foto fue tomada en Santa María Ahuacatitlán, tierra de aguacates y cuna del revolucionario Genovevo de la O. Santa María, un pueblo tradicional morelense, crece con la presencia de nuevos vecinos que gustan de un clima más fresco, en varios grados, a la temperatura de Cuernavaca.

En esta población se encuentra la iglesia de Santa María Ahuacatitlán, que consta de dos cuerpos perfectamente diferenciados que se reúnen en el amplio atrio arbolado y de barda perimetral de líneas curvas. A la izquierda queda lo que fue seguramente la primera capilla; a su lado está la iglesia de proporciones mayores y esbelta torre.

La capilla luce en su fachada una pequeña ventana y está rematada con una cruz, lo que forma junto con la cúpula y las almenas de la iglesia un interesante juego de volúmenes.

Otro lugar que vale la pena visitar en Santa María es su iglesia del siglo XVI y el célebre convento benedictino Emaús, que en los años 60 llamó la atención mundial por la utilización que del psicoanálisis inició ahí el polémico sacerdote Gregoire Lemercier. El convento, rodeado de bosque y jardines, tiene una capilla circular de bello diseño y elegante austeridad, en la que sólo se incorpora una cruz pendiente del techo, una imagen estilizada de la Virgen de Guadalupe y una hermosa escultura de san Benito enviada de Bélgica y que marca el sitio donde reposan las cenizas del padre Lemercier.

En el comedor hay un vitral, donado por la asociación de maestros vidrieros belgas de Lieja, que representa a fray Pedro de Gante flanqueado por niños indígenas.

El monasterio está a cargo de un reducido número de hermanas que

rentan el lugar para reuniones de trabajo y encuentros. Es un sitio que por su clima, entorno natural e instalaciones resulta idóneo para la reflexión y las labores intelectuales. Para visitarlo debe seguirse la calle Camino al Monasterio que parte de la población y llega hasta el inmueble, ubicado en las afueras del pueblo.

Camino de Herradura a México

Si se continúa por la carretera a México, se asciende ondulando entre añosos árboles por una serie de curvas muy bien trazadas. Esta carretera sigue siendo motivo de orgullo para la ingeniería caminera mexicana, pues vino a reemplazar al camino de herradura por el que viajaron Juárez, Maximiliano y Zapata, y que aún puede observarse en las repetidas ocasiones que entrecruza la carretera pavimentada. El camino real adquirió fama por su pronunciada pendiente empedra-

Fray Pedro de Gante en un vitral obsequiado por los maestros vidrieros de Lieja al convento Emaús.

Arriba, el templo de Santa María Ahuacatitlán y la capilla circular del ex convento benedictino Emaús.

da que sometía a los viajeros a un verdadero suplicio, como dejó constancia Guillermo Prieto:

Aquél era un repicar
de costillas y de huesos,
era un constante girar,
y para los más obesos
era morir o rodar.
A los de grande influencia
que en landó viajan de fraque,
les mando de penitencia
que vengan a Huichilaque
de México en diligencia.

Un paseo a Cuernavaca (1845)

Las dificultades del viaje a Cuernavaca eran mitigadas por la belleza escénica de los parajes recorridos. De esto queda constancia en los embelesados relatos de Manuel Payno –en su novela *Los bandidos de Río Frío*–, de Humboldt, de la marquesa Calderón de la Barca o de Blasio, secretario de Maximiliano.

En el capítulo "Camino del paraíso y del olvido", de la novela *Noticias del Imperio*, Fernando del Paso nos obsequia una bellísima página de la

literatura inspirada por la naturaleza de esta región. En ella se recrea la presencia de Maximiliano y Carlota recorriendo estos parajes, admirando la flora y las aves y disfrutando de un placentero día de campo.

Huitzilac

Huitzilac, cuyo nombre significa en náhuatl "morada de colibríes", es un centro productor de pulque y frutas propias de su clima frío, como el durazno y la ciruela. En este poblado, se encuentra el convento de San Juan Bautista, que data del siglo XVI.

Parque Lagunas de Zempoala

Seis lagunas enmarcadas por picos y bosques de pinos, oyameles, encinos e incluso algunas muestras de bosque mesófilo constituyen este parque nacional representativo de la pro-

Los famosos antojitos de Tres Marías. Arriba, el legendario Camino de Herradura a México y el templo de San Juan Bautista en Huitzilac.

Páginas siguientes, un rincón en las Lagunas de Zempoala.

vincia biótica del Eje Volcánico Transversal que distingue a nuestro país.

México es un país de excepcionalidad ecológica; su megabiodiversidad es una de las más importantes del mundo. Zempoala se localiza precisamente en la frontera que divide dos regiones fundamentales de la geografía planetaria: la neártica y la neotropical.

El visitante a las lagunas puede realizar paseos a pie o a caballo. Existen espacios ideales para acampar y los fines de semana se ofrecen a la venta alimentos de la región.

Tres Marías

Por la carretera federal, en el km 52.5, está Tres Marías, poblado que ha alcanzado gran fama por dedicarse a la preparación de alimentos y antojitos para los viajeros que llenan sus locales, especialmente los fines de semana. En Tres Marías se encuentra la desviación al parque nacional Lagunas de Zempoala.

Monumento a Morelos

En el km 47 de la autopista México-Cuernavaca, en el límite mismo donde comienza Morelos, se encuentra el monumento al Siervo de la Nación, el generalísimo José María Morelos y Pavón.

La ubicación de la escultura corresponde a la frontera que marca la propia geografía, pues a partir de la cima en que se encuentra se inicia el declive que va de los bosques de oyameles y pinos de las tierras altas de Morelos a la tierra caliente.

La estatua ecuestre es obra de Ernesto y Eduardo Tamariz y de Artemio Silca. El caudillo cabalga hacia la tierra agradecida que liberó, donde habló por primera vez de independencia política y en la que encabezó una de las gestas más brillantes de la guerra libertadora.

El conjunto se complementa con una serie de astas bandera, al pie de las cuales se encuentran placas que narran la vida y obra del prócer cuyo nombre distingue y honra al estado de Morelos.

Esta escultura substituyó un monumento previo y dispone de un área para descanso de los automovilistas que arriban a la entidad.

Los límites entre el actual estado de Morelos y el Distrito Federal tienen su origen en el siglo XVI, cuando se delimitaron los dominios de Hernán Cortés, que comprendían desde las tierras altas de Morelos, hasta el Istmo de Tehuantepec. Martín, el hijo de Cortés, mandó colocar una mojonera con una cruz que marcaba el comienzo del Marquesado del Valle. El sitio se localiza sobre la carretera vieja, a espaldas del monumento a Morelos que está sobre la autopista.

Chichinautzin

La mañana del 3 de octubre de 1927, el general sonorense Francisco R. Serrano, candidato a la presidencia de la República por el Partido Nacional Revolucionario, se encontraba en Cuernavaca con un grupo de amigos para celebrar su onomástico.

Las convulsiones políticas derivadas de las intenciones de Alvaro Obregón para reelegirse desembocaron en la acusación de una supuesta asonada encabezada por el general Serrano. Por tal motivo y por orden presidencial se aprehendió al candidato y a trece de sus amigos en los hoteles Bella Vista y Moctezuma.

Los prisioneros fueron llevados por carretera hasta un paraje de Huitzilac, donde fueron asesinados. Hoy, el histórico sitio está marcado por un conjunto de cruces al borde la carretera. Gran testimonio literario de este suceso es la novela *La sombra del caudillo*, de Martín Luis Guzmán.

Junto con el estado de México y el Distrito Federal, Morelos comparte este importante corredor ecológico de 37 mil 302 hectáreas. Por ser zona de contacto de las regiones neártica y neotropical, el corredor cuenta con diversas especies relacionadas con ecosistemas templados y subtropicales que sólo se localizan ahí.

La notable variación de altitudes determina la existencia de tres zonas térmicas bien diferenciadas: semifría, templada y semicálida. Los bosques de la zona comprenden abetos, pinos, encinos y matorrales xerófilos generados por derrames de lava recientes.

El volcán Chichinautzin creó la barrera que separa al Valle de México de los valles morelenses y fue una de los condicionantes del surgimiento de la región lacustre de México-Tenochtitlán. Grandes áreas de lava volcánica sostienen especies de hermosa flora. El área no cuenta con infraestructura para actividades turísticas; sin embargo, el visitante recorre parte del corredor cuando cruza por las carreteras que conducen de México a Cuernavaca.

Monumento a José María Morelos en los límites del estado. La Cruz del Marqués, colocada por Martín Cortés para demarcar los límites del Marquesado del Valle. Cruces en el sitio del sacrificio del general Francisco Serrano.

Enfrente, la peculiar flora del corredor ecológico del Chichinautzin.

AL ENCUENTRO DEL TEPOZTECO

DISTRITO FEDERAL · ESTADO DE MEXICO

Tres Marias · A MEXICO, D.F. · Coajomulco · A CHALMA · Parque Turístico

Parque Natural El Tepozteco

Sierra de Tepoztlán

4 Tepoztlán · 8 Tlalnepantla · 9 Totolapan

3 Ahuatepec · 5 Amatlán

2 Ocotepec · 7 San José de los Laureles · 6 Tlayacapan

1 CUERNAVACA · 10 Convento de Atlatlahucan

Sierra de Yautepec · Río Itzamatitlán · Oaxtepec

A AMECAMECA CHALCO LOS REYES MEXICO, D.F.

Río Xochitepec · A TEMIXCO · A ACAPULCO A ZIHUATANEJO · Jiutepec · Yautepec · Cocoyoc

1. Cuernavaca
2. Ocotepec
3. Ahuatepec
4. Tepoztlán
5. Amatlán
6. Tlayacapan
7. San José de los Laureles
8. Tlalnepantla
9. Totolapan
10. Convento de Atlatlahucan

Esta ruta recorre una de las regiones de mayor personalidad del territorio morelense, tanto por sus atributos naturales, cuanto por las obras aportadas por el trabajo del hombre. Es un encuentro con la raíz primera de Morelos, a través de sitios donde la cultura indígena se manifiesta en la fiesta, en el rito, en el vestido, en los mercados, en las obras artesanales, en la arquitectura prehispánica, colonial y contemporánea.

Se encontrarán campos de labor, pequeñas capillas, pirámides, tianguis, bandas de música y aun cementerios excepcionales; destaca especialmente, la monumentalidad de los conventos del siglo XVI que integraron la red de colonización que se extendió a Oaxaca y al sur del país. Junto a esto, no es raro encontrarse con alguna de las múltiples fiestas que se celebran aquí a lo largo del año.

El entorno natural comprende la cordillera del Tepozteco, donde la erosión causada por el viento y el agua de lluvias milenarias ha esculpido caprichosas formas que se complementan con la flora de esta templada región que ha inspirado a los artistas del pueblo y a poetas como Carlos Pellicer.

Ocotepec

Si se toma la carretera libre que va de Cuernavaca a Tepoztlán, a sólo 600 metros se encuentra Ocotepec. Lo primero que se descubre es el cementerio, ejemplo del sentido y sentimiento que acerca de la muerte tienen los nahuas morelenses. Infinidad de pequeñas casitas, iglesias y verdaderas catedrales profusamente decoradas conforman un abigarrado conjunto cuyas formas y colorido patentizan la continuidad de la vida.

Enfrente, panorama de la cordillera del Tepozteco, ubicada en una de las regiones más hermosas del estado.

Ocotepec es uno de los pueblos mexicanos donde la tradición y el culto a los antepasados se manifiesta de manera singular. Los días dedicados a los fieles difuntos ofrecen un panorama donde la música, la poesía, los panes, los tamales y atoles especiales, los ponches, el repintado de las tumbas y su profuso engalanamiento floral enmarcan una de las celebraciones de muertos más elaboradas del país dentro de un clima de generosa hospitalidad.

Un elemento esencial de la celebración de Ocotepec son los altares de ofrenda nueva, obras excepcionales porque, a base de chayotes, panes, calabazas, mazorcas, naranjas y calaveras de azúcar acicaladas con ropa nueva, huaraches y rebozo o sombrero, según el caso, representan los cuerpos de aquellos que partieron durante el año.

En Ocotepec se encuentra el templo franciscano de El Divino Salvador, que se distingue por su fachada decorada con argamasa.

Torre del templo de Santa Catarina. Arriba, capilla del convento benedictino de Ahuatepec.

Enfrente, ofrenda de día de muertos, tumbas del cementerio y un detalle de la fachada de argamasa del templo de Ocotepec.

Ahuatepec

Colindante con Ocotepec se localiza el poblado de Ahuatepec, donde se puede visitar el convento benedictino de Nuestra Señora de los Angeles, que cuenta con una capilla circular, obra del arquitecto fray Gabriel Chávez de la Mora. El lugar tiene una plantación de aguacates, áreas para acampar y para vehículos recreativos, además de alojamiento para retiros, todo dentro de un ambiente de paz.

Los visitantes pueden adquirir en la tienda del convento productos del trabajo de los monjes benedictinos como miel, jalea real, licores de frutas, artesanías, artículos religiosos y libros.

Muy cerca, a siete km de Ahuatepec, se encuentra Santa Catarina, pequeño poblado que posee un templo dedicado a su patrona. Su principal característica es una torre de dos cuerpos que llama la atención por su delicada decoración.

Tepoztlán

Enclavado entre montañas de formas
tan caprichosas como la propia acción
del viento y del agua, se localiza uno
de los asentamientos morelenses de
mayor importancia desde la época
prehispánica. En una orografía sólo
comparable a Malinalco, los antiguos
tepoztecos levantaron, en el corazón
de la montaña, edificaciones que son
ahora parte de nuestro patrimonio,
como la pirámide de Ometochtli-
Tepoztécatl, relacionada con la agricultura y con la invención del pulque.
Tepoztlán es un nicho de gran fuerza. Manuel Toussaint lo llamó la octa-
va maravilla del mundo y los antiguos
morelenses, *La Atenas del Sur*.

Los tepoztecos preservan la lengua náhuatl a través de instituciones
educativas o de periódicos. La comunidad continúa obervando formas de
organización de honda raíz, como las
mayordomías. Su notable dinámica
social se expresa en su recia identi-

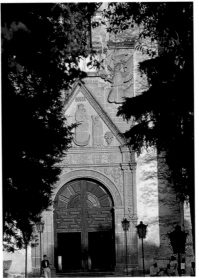

**La portada del convento de La
Natividad en Tepoztlán, expresión
artística tequitqui.
Arriba, vista aérea del mismo
conjunto religioso.**

**Enfrente, detalle de los arcos de
acceso al convento de Tepoztlán.**

dad y en la interminable relación de
actividades ceremoniales a lo largo
del año.

Durante la Colonia temprana, los
dominicos se apresuraron a levantar
su monasterio de la Natividad, obra
ejemplar del siglo XVI, donde, a través de la arquitectura, podemos leer
la historia, desde la existencia de una
capilla abierta –primera forma de con-
vocar a los indígenas no acostumbrados a los espacios cerrados–, hasta la
reminiscencia del Medievo en algunas de sus esculturas. La bóveda de
su templo ostenta clara influencia gó-
tica, así como la fuerza de rasgos indios o tequitqui en símbolos y formas.
El claustro está coronado por almenas, el templo luce una portada plate-
resca y en el amplio atrio se puede
ver la capilla posa que aún queda. Uno
de los rincones más interesantes del
monasterio se localiza en la planta superior del claustro. Se trata de un amplio mirador orientado hacia las montañas que son enmarcadas por sendos
arcos y magníficas columnas en un

Un domingo en el mercado de Tepoztlán nos permite gozar la variedad de sus productos: flores, ingenuas copias de pinturas famosas, tradicionales velas de cera adornadas con escame y pueblitos tallados en madera de pochote.

acierto que conjunta arquitectura y paisaje.

El genial poeta tabasqueño Carlos Pellicer escogió a Tepoztlán para vivir por temporadas; fue pionero de los innumerables artistas e intelectuales que con el paso del tiempo seguirían sus pasos y fijarían sus residencias en este peculiar poblado. Pellicer expresó su agradecimiento a Morelos y a Tepoztlán con el virtuosismo de su palabra y lo hizo heredero de una colección de piezas arqueológicas de diferentes partes del país, que pueden apreciarse en el museo que lleva su nombre, ubicado en el centro de Tepoztlán y que abre sus puertas de martes a domingo, de 10 a 18 horas.

El mercado de Tepoztlán se ha convertido, especialmente los fines de semana, en un sitio de reunión que agrega a su tradicional tianguis la presencia de visitantes de diversas latitudes y el interesante fenómeno de la concurrencia pluriétnica de artesanos nahuas de Guerrero y Morelos, totonacos de Vercaruz, mazahuas del estado de México, otomíes de Hidalgo, huicholes nayaritas y otros. La oportunidad de encontrar artesanías tan variadas y escuchar las tonalidades y acentos de lenguas indias entremezcladas con el francés, el español y el inglés crea un ambiente *sui generis*.

Pero no sólo durante los días de tianguis pueden hallarse insospechadas riquezas, pues, por ejemplo, en lo que respecta a artesanías, Tepoztlán tiene una expresión propia. A partir de las espinas o protuberancias de la corteza del árbol del pochote, los hábiles artistas tepoztecos tallan caseríos fantásticos y levantan pueblos enteros con la gracia y complejidad de la miniatura. Lo hermoso de la obra es que la textura y vetas del pochote sugiere formas y vetas semejantes a la conformación de las montañas tepoztecas.

Niños tepoztecos repartidores
del rico pan del pueblo.

Los chinelos en pleno carnaval,
tradición tan viva como las
artesanías pluriétnicas del
mercado de Tepoztlán.

Si se visita Tepoztlán en época de
Carnaval, se asistirá a una de las fiestas más importantes de Morelos. La
participación de los barrios del poblado, organizados en comparsas de chinelos, la vibrante música de las bandas, los abanderados, el despliegue de
comida, juegos pirotécnicos y la feria
lo hacen una de las fechas más espe-
radas por los morelenses.

Con altitudes que van de los mil
500 a los tres mil metros sobre el nivel del mar, el Parque Nacional del
Tepozteco es un verdadero muestra-
rio de nichos ecológicos, desde la selva baja caducifolia, hasta los bosques
de abetos. El Tepozteco, con sus 24
mil hectáreas, posee un gran número
de plantas y animales que sólo pueden encontrarse en su territorio.

Por su valor ecológico, su importancia en la recarga de acuíferos y su
papel en la regulación del crecimiento urbano de Morelos, la zona del
Tepozteco ha sido declarada parque
nacional y parte integrante del Area
de Protección Ecológica del Chichinautzin. Sus bosques de coníferas, la
variedad de su flora y fauna, así como
la magnificencia de su cordillera, pro-
digioso monumento natural, lo constituyen en patrimonio ecológico de
Morelos.

Uno de los atractivos de visitar Tepoztlán es la excursión a pie a la pirámide del Tepozteco. Se requiere de
buena condición física para ascender
al sitio, donde la hermosura del paisaje compensa el esfuerzo realizado.

Este centro ceremonial tlahuica
fue dedicado a Tepoztécatl –deidad
relacionada con el pulque– y está for-
mado por tres cuerpos y escalinatas
con alfardas; la pequeña construcción
parece prendida en la imponente orografía de la cordillera. Cada 8 de septiembre se celebra en el sitio la fiesta
del Señor del Tepozteco.

Amatlán

Si se toma la carretera que parte de Tepoztlán rumbo a Yautepec, se localiza, a dos km, la desviación que lleva al pueblo de Amatlán, ubicado cinco km más adelante. El entorno natural de escarpados peñascos, la frescura de su clima y vegetación, la belleza y sencillez de sus construcciones recuerda al Tepoztlán de hace algunos decenios.

La plácida belleza del sitio, con sus enormes y característicos ciruelos, merece por sí sola una visita; además de lo anterior, Amatlán ha cobrado gran fama a partir de la hipótesis que lo señala como la cuna del propio Quetzálcoatl. Cada año, durante el último sábado de mayo, las ceremonias se suceden para rememorar el nacimiento de esta figura mítica de la cultura mesoamericana.

Sobre el lado izquierdo de la autopista que va de Tepoztlán a Cuautla, antes de llegar a Oaxtepec, se aprecia un impresionante acueducto que

El portón de la hacienda de Oacalco. Arriba, paisaje montañoso en Amatlán.

Enfrente, la pirámide del Tepozteco, meta de excursionistas.

Páginas siguientes: alrededores de Tlayacapan.

surtía de agua a las haciendas productoras de azúcar de la región.

Un poco más adelante, el viajero, sin abandonar su automóvil, puede apreciar una serie de construcciones en ruinas de lo que fue la gran hacienda de Pantitlán, productora de añil y de azúcar. Actualmente, el lugar está ocupado por familias que se han instalado entre los viejos muros.

Al llegar a la caseta 25, Oacalco, de la autopista La Pera-Cuautla, llaman la atención, del lado derecho, las dos grandes chimeneas de la hacienda Oacalco, cuyos orígenes se remontan a 1725. Su peculiaridad es la notable arquitectura de su casa grande, construcción neoclásica cuyo proyecto fue obra —según se cree— de Manuel Tolsá. Resalta la capilla que se encuentra integrada al primer piso de la casona.

Oacalco produjo azúcar y alcohol hasta hace unos años. Hoy se encuentra resguardada y al cuidado de los ejidatarios del lugar que buscan una nueva forma de aprovechamiento acorde con la dignidad del inmueble.

Tlayacapan

Una de las primeras referencias del actual territorio morelense, dada tanto por Cortés como por Bernal Díaz del Castillo, se refiere a una población enclavada entre "peñoles" que los retó y enfrentó con especial coraje.

Los "peñoles" no eran otra cosa que los mogotes o peculiares cerros que circundan Tlayacapan, lugar de tránsito, de encuentro, de encrucijadas, desde los tiempos prehispánicos hasta nuestros días.

Su importancia se manifiesta en las múltiples construcciones levantadas durante cinco siglos que conforman su rico patrimonio. Pero Tlayacapan no sólo es arquitectura, tiene una vieja historia reflejada en sus pinturas rupestres, en su carácter de ciudad prehispánica sagrada, en la arquitectura civil de sus puentes, ayuntamiento, casonas y su hermosa cerería donde se fabricaron velas y cirios que iluminaron la vida y el rito coloniales.

La dinámica cultural de Tlayacapan está manifiesta en sus tres tipos de artesanía, en el genio musical de sus cuatro bandas de música, en su museo, en su suculenta cocina, repostería y en el brinco del chinelo, símbolo de Morelos.

Si todo lo anterior es notable, los estudiosos han encontrado peculiaridades que hacen única a esta población morelense. Un sacerdote jalisciense, Claudio Favier Orendáin, al regresar de su formación eclesiástica y de urbanista en Europa, se encaminó a Morelos en la fértil etapa del obispo Méndez Arceo; éste lo comisionó a Tlayacapan y el joven enviado se dio a la tarea de estudiar el sitio de su destino.

Despues de recorrer, investigar, indagar y ordenar sus resultados, concluyó que se encontraba ante una suma de conceptos y planificación prehispánica reconocida y continuada por misioneros que habían venido a América con el propósito de intentar la utopía cristiana; es decir, un verdadero nuevo mundo, más justo y armónico. Claudio Favier Orendáin dice: "Descubrí, así lo creo, vestigios indudables de esa Arcadia imaginaria a la que Campanella llamó *La Ciudad del Sol* y Tomás Moro *El Sin Lugar* o sea que entre las calles y viejos muros de Tlayacapan hay toda una concepción y decisión de crear una ciudad ideal.

"En este pequeño valle –continúa el cronista Favier Orendáin– de la Ciudad de Dios, la arquitectura no es un edificio aislado preocupado por su función o belleza individual, sino parte de una ciudad totalizadora que integra, en un solo poema urbano, a toda una ciudad; cada capilla es una nota que necesita de las 25 restantes

La antigua cerería de Tlayacapan, hoy centro cultural.

Enfrente, la fachada del convento de San Juan Bautista, de reminiscencias góticas combinadas con elementos renacentistas.

para estructurar una sinfonía mitológica en el espacio-tiempo.

"Todas, aun la más pequeña ermita, están ubicadas con precisión dentro del plano urbano, son parte imprescindible. Pocas ciudades hay en el mundo que ejemplifiquen tan patentemente las utopías de la vida ciudadana."

Vecino del convento se levanta el palacio municipal con su respectiva plaza. Es el centro de poderes terrenales que gobierna a los hombres frente a los poderes espirituales del monasterio.

Se trata de un edificio de fachada rectangular, cuya sobriedad sólo cuenta con el adorno que significa su arcada de seis vanos y los cinco balcones del primer piso, que originalmente también fueron arcos, a semejanza del Palacio de Cortés.

Al edificio del siglo XVI le fue agregado, durante el Porfiriato, un reloj que luce en su parte central superior.

En 1533, los agustinos fundaron una vicaría en Tlayacapan, donde construyeron una pequeña casa para iniciar la evangelización. Pronto se percataron de la importancia estratégica del lugar y en 1534 comenzaron a levantar un monasterio de gran magnitud, cuya obra les tomó 40 años.

El convento se dedicó a san Juan el Bautista y fue diseñado por Jorge de Avila, con un atrio de grandes proporciones, un claustro con nervaduras góticas, pinturas murales y un comedor ricamente decorado.

Para captar las aguas de lluvia, el monasterio fue dotado con un enorme aljibe, prueba de los conocimientos hidráulicos de sus constructores. La huerta debe haber sido acorde con las dimensiones del monasterio. Por todo lo anterior, el convento de San Juan Bautista es uno de los núcleos rectores de la traza de la ciudad.

Al realizarse trabajos en los pisos de la iglesia de San Juan Evangelista se encontraron varios ataúdes con cadáveres momificados. La comunidad decidió abrir un museo que fue complementado con un retablo con imá-genes de los 12 apóstoles, obra del maestro de Zacualpan Higinio López, un cuadro de la Virgen de la Luz atribuido a Miguel Cabrera, objetos arqueológicos, artesanías, trajes y otras piezas.

John Ingham, profesor de Minnesota, ocupado en estudiar el espacio-tiempo de las culturas prehispánicas, aseguró a Claudio Favier Orendáin que Tlayacapan era el único lugar donde aún se podía corroborar la concepción de ciudad asumida por los aztecas, que situaba en la traza urbana 26 lugares relacionados con los calendarios agrícolas y zodiacales. Según su hipótesis, las capillas cristianas del pueblo se construyeron sobre otros tantos adoratorios indígenas.

Capillas del siglo XVI en Tlayacapan: en esta página la del señor Santiago; enfrente, las de San Martín, San Nicolás, La Natividad y Nuestra Señora del Rosario.

Cornelio Santamaría, integrante de la Banda de música de Tlayacapan, cuya historia se remonta al siglo pasado, y siempre presente en los actos más importantes en la vida de la comunidad.

Enfrente, la danza de los chinelos durante el Carnaval de Tlayacapan.

Si uno observa un plano de Tlayacapan encontrará una disposición ordenada de sus templos que evidentemente responde a un plan maestro que colocó 7 capillas en el noreste y 6 en el sureste –esto es, 13 en las dos zonas del nacimiento del sol– con nombres de santos o advocaciones de simbologías gozosas o gloriosas; 7 capillas en el noroeste y 6 en el suroeste –esto es, 13 en las regiones del ocaso– con nombres de simbologías dolorosas o penitenciales.

Lo interesante es que cada capilla tiene dos fiestas anuales en diferentes estaciones, lo que provoca una especie de espiral de fiestas que suman 52, el número fundamental en la medición del tiempo prehispánico (recordemos que 52 años hacían un sol o un siglo).

Las fiestas están siempre relacionadas con los ciclos agrícolas, la caza, las labores domésticas, el ocio de los artesanos y los momentos propicios para concebir y parir.

Tlayacapan es un centro alfarero que se distingue por su versatilidad. En los barrios de Texcalpan y Santa Ana se producen objetos utilitarios y figuras para fines rituales. La cerámica policromada se utiliza en las ofrendas de día de muertos y en ceremonias para curar los "males producidos por el aire".

Existe una línea de alfarería vidriada que sigue ofreciendo sus famosas cazuelas –ideales para el mole y el arroz– comales, molcajetes, apaxtles, jarras, ollas, tazones, charolas y cántaros. También hay braceros, macetas y comales sin vidriar.

Otra actividad característica es la cerería, que se remonta a la Colonia, durante la cual las velas escamadas y las veladoras de Tlayacapan tuvieron gran fama. Estas se fabricaban, en buena parte, en el edificio conocido

precisamente como La Cerería, que muestra etapas de construcción desde el siglo XVI hasta nuestros días.

La Cerería cuenta con un holgado portal con arcos de medio punto. Su interior consta de amplios salones y un patio interior que le da un ambiente agradable y fresco, reforzado por su enorme aljibe donde se captan las aguas de lluvia.

El edificio se comenzó a restaurar en 1989; en febrero de 1991 se reinauguró como sede de la Casa de Cultura de Tlayacapan. El acierto de tal medida es palpable, pues la comunidad cuenta con un centro donde se promueven y estimulan las expresiones culturales de la región; además, recibe muestras artísticas venidas de otras partes en un espacio que refleja cuidado y esmero.

La Cerería se puede visitar de martes a domingo; tiene algunas áreas destinadas a mostrar objetos e información sobre Tlayacapan, además de salas para exposiciones.

Otro atractivo es la Banda de Música Santa María de Tlayacapan, una de las instituciones culturales más importantes del estado, cuyos orígenes se remontan a 1870.

La banda de Tlayacapan recorrió todo el estado en los aciagos años de la represión centralista contra el Morelos zapatista; su música alegró a los combatientes morelenses que lucha-

ban contra los "pelones" y se sumó a la tristeza por la muerte de Zapata y la destrucción del estado.

La vida de la Banda de Tlayacapan se manifiesta en mayordomías, procesiones, funerales, corridas de toros, jaripeos y carnavales, acontecimientos que marcan la vida de la comunidad, no sólo divirtiéndola, sino dándole cohesión e identidad.

"A través de la música manifestamos nuestros sufrimientos, nuestras alegrías, nuestras emociones y nuestra imaginación; ser músico es ser guardián de la tradición, es ser semilla que encierra la continuidad, es mucho más que tocar al ritmo que te indiquen, es un compromiso con nuestro pueblo y nuestra gente", dice la declaración de la banda de música que enorgullece a Morelos.

Otro elemento de identidad lo constituye la *Danza de los chinelos*, que se ha convertido en un símbolo de Morelos. Los chinelos nacieron hace más de un siglo en Tlayacapan, cuando se conjuntó el sombrero diseñado por don Cándido Rojas, la máscara de tela de alambre, cejas y piocha de crines de caballo y ojos pintados creada por un vecino de apellido Tlacomulco y el batón blanco con rayas azules y pañoleta de color diseñado por un personaje conocido como *Barrabás*.

Los chinelos utilizaron la música de banda característica de la región y don Justo Moctezuma compuso los primeros sones para ellos; ahora el brinco del chinelo es parte imprescindible de los festejos tradicionales de Morelos.

El chinelo pasó a Tepoztlán, que definió sus propios colores y sombrero, al igual que Yautepec y otros poblados morelenses. Actualmente, hay chinelos en Milpa Alta, Xochimilco y en la propia ciudad de México.

San José de los Laureles

En medio de la cordillera de Tlayacapan, entre los cerros del Tepatlax-
co, el Tepozoco, el Achahuixco, el
Cuauchi y la Chinamepa se encuentra uno de los poblados más atractivos del estado: San José de los Laureles. Una empinada carretera lleva al
visitante, a través de barrancos ple-
nos de vegetación, hasta este poblado que se caracteriza por sus construcciones de adobe.

En medio de San José hay una capilla que es ejemplo del barroco popular, sobre todo por su rosetón de
argamasa. El lugar también se distingue por sus árboles frutales y por el
espléndido panorama serrano desde
donde se domina Tlayacapan.

Tlalnepantla

Si se asciende por la carretera que
va de Tlayacapan a Xochimilco, a unos
cinco kilómetros de la primera pobla-

**Plantío de nopales en Tlalnepantla.
Arriba, San José de los Laureles.**

**Enfrente, cosecha de nopales en
Tlalnepantla, uno de los cultivos más
eficientes del mundo.**

ción se encuentra a la izquierda una
desviación que lleva a Tlalnepantla,
Cuautenco.

En el recorrido se pueden apreciar
los campos destinados al cultivo del
nopal, que desde hace algunos años
distinguen a la región. Las formas si-
métricas de sus surcos y la apretujada
presencia de las hojas de esta cactá-
cea resultan tan plásticas como los ci-
lindros de más de dos metros que levantan los campesinos con las hojas
cosechadas.

Si se continúa el camino, en unos
minutos se arriba a uno de los monasterios más pequeños del estado de
Morelos; dado su tamaño, es difícil
rastrear su presencia en las antiguas
crónicas. Sin embargo, es un hecho
cierto que fue construido por los
agustinos de Totolapan hacia el 1600.

El conjunto se localiza en un pequeño atrio con un templo que muestra modificaciones del periodo neoclásico y con grandes contrafuertes, se-
veros guardianes frente a los constantes movimientos telúricos de la zona.

Totolapan

La carretera que sale de Tlalnepantla con rumbo al norte del estado se bifurca para continuar su ascenso hacia Xochimilco o para descender hasta Totolapan. En este pequeño poblado se encuentra el convento de San Guillermo. Este conjunto agustino, construido entre 1533 y 1536, está decorado en la parte externa con repellado, sillares simulados y medallones en griego y en latín con el monograma de Jesucristo. El templo dedicado a san Guillermo tiene un ojo de buey en la portada (tal vez ahí se pensó colocar un rosetón); en el remate hay una espadaña. El claustro está decorado y llama la atención la escalera, almenada y decorada con esgrafiado, que conduce al segundo piso.

La capilla de Atlatlahucan.

Enfrente, claustro del convento de San Guillermo, en Totolapan.

Convento de Atlatlahucan

En 1570 fue fundado el monasterio agustino de San Mateo Atlatlahucan. Es un convento agustino de primer orden; consta de un atrio amplio donde hay un doble camino procesional, capillas posas, claustro y una capilla abierta que se supone fue anterior al templo.

La fachada de la iglesia es sobria, rematada con almenas; el pequeño claustro tiene pinturas murales; la planta baja ostenta una bóveda de cañón corrido y el piso superior es de techo plano.

La capilla abierta se localiza a un costado del templo; tiene tres arcos de medio punto, murales de colores con entrelazados geométricos y cabezas de ángeles, con reminiscencias árabes y renacentistas. La capilla abierta está almenada de la misma manera que el convento y la iglesia contigua.

Nos hemos referido anteriormente al interesante fenómeno de las capillas abiertas en varios conventos morelenses como un recurso en la Colonia temprana para atraer a los indígenas, acostumbrados a los espacios abiertos.

En San Juan Texcalpan, municipio de Atlatlahucan, se localiza lo que el arquitecto Juan B. Artigas llama "la capilla abierta aislada más completa que hemos podido localizar en el estado de Morelos [...] capilla abierta aislada por excelencia, emplazada en lo alto de una loma muy suave".

Esta se compone de ábside, nave transversal con forma trapezoidal y nave descubierta. El atrio bardeado muestra, frente a la puerta central, una cruz pequeña sobre un pedestal. La capilla contaba con una arquería de tres vanos, dos de los cuales fueron tapiados. Un detalle peculiar es que estos arcos no llegaban al nivel del piso, pues no estaban construidos para pasar, sino para permitir que se vieran las ceremonias religiosas.

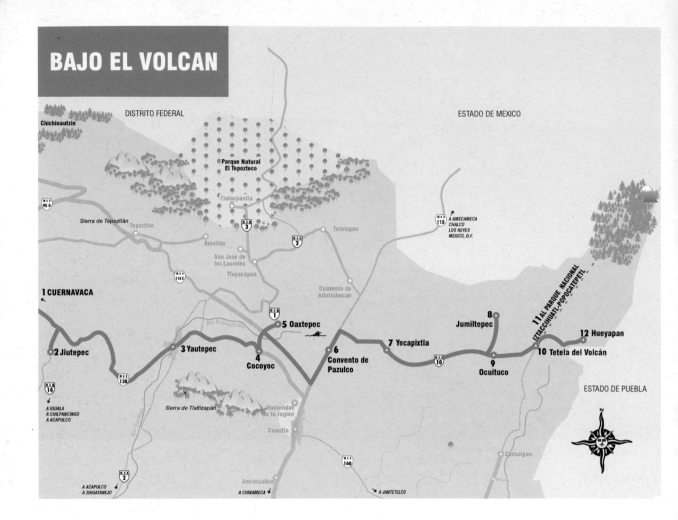

BAJO EL VOLCAN

DISTRITO FEDERAL

ESTADO DE MEXICO

Chichinautzin

Parque Natural
El Tepozteco

Sierra de Tepoztlán

Tepoztlán

Tlalnepantla

A AMECAMECA
CHALCO
LOS REYES
MEXICO, D.F.

Amatlán

San José de
los Laureles

Tlayacapan

Totolapan

1 CUERNAVACA

Convento de
Atlatlahucan

Río Tramixtlac

5 Oaxtepec

8 Jumiltepec

11 AL PARQUE NACIONAL
IZTACCIHUATL-POPOCATEPETL

12 Hueyapan

2 Jiutepec

3 Yautepec

7 Yecapixtla

4 Cocoyoc

6 Convento de
Pazulco

9 Ocuituco

10 Tetela del Volcán

Sierra de Tlaltizapán

Río Yautepec

Haciendas
de la región

ESTADO DE PUEBLA

A IGUALA
A CHILPANCINGO
A ACAPULCO

Cuautla

Zacualpan

A ACAPULCO
A ZIHUATANEJO

Aneneculico

A CHINAMECA

A JANTETELCO

Enfrente, el Popocatépetl, hasta cuyo cráter llegan los límites del territorio morelense.

El territorio morelense llega, en su parte más oriental, hasta el propio cráter del Popocatépetl. Una impresionante pendiente arranca desde las cálidas tierras vecinas de Yecapixtla hasta los 5 465 metros de la segunda cumbre de México.

Lo anterior conforma un panorama de gran diversidad, dadas las cambiantes condiciones climáticas, de altura, humedad y por ende de flora y fauna. Este es el marco natural que tanto impresionó e inspiró a Malcolm Lowry; éste es el marco de la región de Morelos más cercana al Popocatépetl.

Nuestra ruta sigue el camino de Cuernavaca a Cuautla por la carretera que atraviesa el Cañón de Lobos, para después entroncar, en la entrada a Cuautla, con la vía que lleva a Nepantla y al Popocatépetl.

Jiutepec

Casi absorbido por Cuernavaca, se localiza el pueblo de Jiutepec, antes agrícola y dedicado ahora a las labores industriales. El poblado tiene una cuidada plaza central y el atractivo de su convento de Santiago el Mayor, fundado hacia 1529 por los franciscanos; en 1585, un sismo derrumbó sus bóvedas, las cuales no fueron reparadas hasta el siglo XVII.

Consta de un atrio muy cuidado y con espléndida arboleda, entre la que sobresale la presencia de una majestuosa ceiba; con todo, es evidente que el espacio ha sufrido embates que le hicieron perder sus capillas posas y sus caminos procesionales.

El claustro, de dos niveles, cuenta con pinturas murales en su parte baja.

Yautepec

Ignacio Altamirano al escribir *El Zarco* hizo una deliciosa descripción de Yautepec, al que calificó de "un inmenso bosque por el que sobresalen apenas las torrecillas de su iglesia parroquial; los naranjos y limoneros dominan por su abundancia; en 1854 se hizo un recuento de estos árboles y se encontró con que había más de quinientos mil".

En su relato, Altamirano también hace referencia a las haciendas vecinas como Atlihuayan, ubicada en las afueras de la población y que hoy, propiedad privada, continúa siendo un hermoso remanso de paz.

A mitad del camino entre Yautepec y Cocoyoc, los automovilistas cruzan bajo un acueducto que cumplía la noble misión de llevar el agua a la hacienda de San Carlos Borromeo. La historia de esta hacienda es un listado de fracasos y fallas administrativas, desde el siglo XVII hasta la intervención del escritor Manuel Payno, quien también sufrió descalabros económicos.

Convento de Santiago el Mayor en Yautepec. Arriba, vista aérea del convento en la misma población.

Enfrente, panorámica de Jiutepec, la hacienda de Atlihuayan y ruinas de la hacienda de San Carlos Borromeo.

La propiedad fue adquirida por la familia De la Torre, y fue la primera de una serie de haciendas a través de las cuales los parientes de Porfirio Díaz sentaron sus reales en Morelos. Carlos Tello Díaz, en su libro *El exilio, un relato de familia*, hace una idílica descripción de lo que fueron momentos de felicidad para sus propietarios, antes de la Revolución: "Aún en el estiaje, San Carlos florecía con el albor de los cazahuates; la familia comía por lo general en la terraza. Después salían a caminar por los jardines, donde percibían el rumor del riachuelo que corría bajo los arcos del acueducto". Ignacio de la Torre, yerno de don Porfirio, conoció a Emiliano Zapata precisamente en San Carlos Borromeo.

La tierra y el buen trabajo la llevaron a ser una de las más importantes de la región; sin embargo, el lugar ha sufrido atropellos invariablemente, desde los balazos que disparó Pedro Armendáriz sobre una ceiba "para afinar la puntería", hasta el cercenamiento que le causó la carretera que dejó de un lado el ingenio y del otro la casa.

103

Cocoyoc

Un monumental acueducto que atraviesa la carretera en el km 32.5 anuncia la llegada a la hacienda de Cocoyoc, que ha sido adaptada para recibir al turismo en su exclusivo hotel, restaurantes y club de golf.

Sus bóvedas de cañón, linternillas, chacuacos, trapiche y viejos muros albergan piscinas, discotecas y otros espacios para el esparcimiento, en medio de jardines y el singular encanto que agrega la presencia del agua, que fluye generosamente en los viejos tramos de acueducto y en nuevas caídas de agua.

Cocoyoc conserva algunos espacios que, aunque modificados por las hermosas raíces de los amates o por las nuevas instalaciones, permiten imaginar al visitante la enorme fuerza de trabajo que durante siglos laboró incansablemente para trabajar la caña, fruto principal de esta tierra, y el famoso café de Velasco, al que hizo referencia la marquesa Calderón de la Barca.

La hacienda de Cocoyoc, convertida en un hotel que reúne construcciones centenarias con nuevas instalaciones para la recreación y el descanso.

Oaxtepec

Hernán Cortés en su tercera carta de relación escribió al rey de España: "En Guastepeque está la mayor y más hermosa y fresca huerta que nunca se vio, porque tiene dos leguas de circuito, y por medio de ella va una muy gentil ribera de agua, y de trecho a trecho, cantidad de dos tiros de ballesta, hay aposentamientos y jardines muy frescos, e infinitos árboles de diversas frutas, y muchas hierbas y flores olorosas, que cierto es cosa de admiración, ver la gentileza y grandeza de toda esta huerta".

Como se ve, Oaxtepec es un sitio donde la naturaleza ha sido espléndida; por ello, el hombre desde siempre ha procurado proyectos para aprovechar los dones de su clima, de su agua y de su fertilidad.

Se sabe que Moctezuma Ilhuicamina y su consejero Tlacaélel crearon un jardín botánico con flora de muy diversas regiones, especialmente aquellas de propiedades medicinales. Se dice que Oaxtepec era sitio de des-

canso preferido por los emperadores aztecas.

Durante la Colonia, fray Bernardino Alvarez se dio a la tarea de crear una red hospitalaria que atendiera las necesidades de salud de la población. El primer hospital fuera de la ciudad de México fue el de Oaxtepec, el cual se construyó con la anuencia del marqués del Valle; gracias a la donación de un terreno cedido por los indígenas del lugar, se terminó de construir en 1569 este hospital, considerado el segundo de la América continental.

El clima, el manantial de aguas saludables y su gran número de plantas medicinales dieron gran fama al hospital de la Santa Cruz, que llegó a

recibir enfermos hasta del Perú. Fue además un centro de investigación donde residió Francisco Hernández, protomédico de Felipe II, y Gregorio López, quien escribió en 1674 el *Tesoro de medicinas para diversas enfermedades*.

Las ruinas del hospital están en el centro de Oaxtepec, en espera de algún proyecto que rescate y difunda su papel en la historia de la medicina en México.

Como base para la evangelización de los poblados de la región de Amilpas, los dominicos levantaron la casa de Oaxtepec en 1528 sobre el templo dedicado a Ometochtli; por tal motivo, fray Domingo de la Anunciación, conocido por su empeño en la destrucción de "ídolos", esparció sobre sus cimientos los restos de la misma deidad que antes había destruido en Tepoztlán.

El convento es de sólida presencia y remembranzas góticas. El claus-

tro tiene dos pisos y está construido con fino trabajo de cantería con sillares de piedra, como en Zacualpan de Amilpas. Su estado de conservación es bueno y ha sido restaurado con esmero. Vale la pena conocer sus pinturas murales, de gran importancia, y el piso inferior, que ostenta decoración mudéjar.

La nave de la iglesia tiene bóvedas de nervadura; su fachada contrasta con el interior y el resto del conjunto por ser sumamente austera, pues su decoración quedó inconclusa, como lo demuestra el hueco circular sobre la entrada principal que señala la pérdida de su rosetón. Oaxtepec es el único convento morelense que perdió totalmente su atrio.

El inmueble fue utilizado como escuela normal, después como albergue vacacional para estudiantes de secundaria y actualmente como centro cultural donde se efectúan regularmente diversas actividades. En 1964, el

Dos ángulos del restaurado claustro del convento dominico de Oaxtepec.

Instituto Mexicano del Seguro Social inauguró el Centro Vacacional Oaxtepec, lo que marcó un hito en la historia de la política social, ya que se dedicaron 80 hectáreas para construir un complejo arquitectónico destinado a la recreación de los trabajadores y sus familias.

No se escatimaron esfuerzos para crear este lugar que reúne 16 albercas, nueve chapoteaderos, lago, campos deportivos, cuatro supermercados, 124 cabañas, seis hoteles, cuatro restaurantes, teatro, albergues para excursionistas, área para acampar, teleférico, estadio olímpico y centro de convenciones.

Dignos de mencionarse son la cúpula geodésica que cubre el manantial que aflora en medio de la rica vegetación y los monolitos prehispánicos.

Oaxtepec es un centro vacacional abierto a los visitantes que por una cómoda cuota pueden disfrutar de todos sus atractivos.

**Entrada al atrio del convento de Pazulco.
Arriba, cúpula geodésica sobre la Poza Azul del Centro Vacacional de Oaxtepec.**

Convento de Pazulco

Al llegar a Cuautla, donde termina la autopista, debe tomarse a la izquierda por la carretera libre a México. A cinco minutos de Cuautla, antes del entronque con la carretera que lleva a Yecapixtla, hay una desviación del lado derecho que lleva a Pazulco, ahí se encuentra un pequeñísimo convento que reúne todas las características de una construcción monacal colonial, lo que lo convierte en una especie de modelo a escala.

En su minúsculo claustro, en forma de L, algunas celdas conservan aún rastros de su decoración original. En el interior de su templo se encuentra un espléndido retablo barroco que exige pronta restauración.

Tiene una barda atrial con dos entradas; la principal, de tres arcos, encuadra graciosamente la iglesia y su magnífica torre.

Yecapixtla

Si se retorna por la carretera libre a México se encuentra inmediatamente la desviación para Yecapixtla y Tetela del Volcán, las tierras altas de Morelos.

Yecapixtla se localiza entre las barrancas que bajan del Popocatépetl, formó parte de los pueblos de Tlalnáhuac y capituló ante Gonzalo de Sandoval, quien la saqueó el 16 de marzo de 1521.

Los españoles reconocieron la importancia del sitio como centro de tributos y por ello lo revitalizaron, reutilizando sus sistemas hidráulicos y dotándolo de siete puentes que fueron la base de su auge en la Colonia. El propio Cortés construyó una casa junto a las antiguas pirámides.

Apenas se ha tomado la carretera que va a las tierras altas de Morelos, surge en el horizonte la mole impresionante de una enorme construcción colonial: el monasterio de San Juan Bautista de Yecapixtla.

Este convento se comenzó a construir sobre el basamento de una pirámide en 1535. Para 1540 lucía como lo conocemos ahora; es decir, con un gran atrio en cuyas esquinas se construyeron capillas posas. En el claustro se aprovechó magistralmente el desnivel original de la construcción prehispánica y se decoró con pinturas murales.

El templo, donde no se escatimaron esfuerzos, muestra elementos góticos y románicos, entre los que destaca su famoso rosetón, alrededor del cual parece girar todo el conjunto. Sólo Molango, en Hidalgo, y Yecapixtla conservan rosetones.

El interior del templo es grandioso con su sotocoro profusamente decorado, la pila bautismal y su púlpito labrado, al igual que el barandal del coro.

Yecapixtla se distingue por su buen clima, el trabajo de sus habitantes productores de maíz, cacahuate, camote y jitomate, su traza urbana y su tradición culinaria, entre la que tiene un lugar especial su cecina, apreciada en todo el país y que cuenta con una larga historia.

Es muy conocido que en las crónicas de los viajes de exploración de los siglos XVI y XVII y de la conquista de América siempre se hace referencia al imprescindible pan de cazabe y al tasajo, carne seca salada y preparada para conservarse durante algún tiempo.

Vale la pena desayunar o comer la rica cecina de Yecapixtla acompañada de la crema del lugar, salsa amartajada, frijoles de la olla y tortillas directas del comal.

Convento de San Juan Bautista en Yecapixtla, monumento de la más alta jerarquía del patrimonio cultural morelense.

Jumiltepec

Por el camino ascendente que parte de Yecapixtla, en cuestión de minutos se llega a la entrada de Ocuituco. Antes de visitar este poblado, vale la pena desviarse a la izquierda y recorrer unos cuatro km hasta el pueblo de Jumiltepec, que conjunta las cualidades de su entorno natural con el encanto de sus calles empedradas y su Sacromonte, donde se encuentra la iglesia de la Virgen de los Milagros, construida por los dominicos en el siglo XVI.

La devoción del pueblo por la Virgen de los Milagros se demuestra en el especial cuidado de su templo, que parece sobreprotegido si se le compara con el convento de San Andrés, localizado dentro del poblado y que es una construcción dominica del siglo XVI, con un atrio amplio en relación con la reducida construcción. La fachada denota la capilla de indios tapiada y cuenta con una pequeña torre reconstruida, pues la original fue abatida por un rayo.

Durante la época en que fue obispo fray Juan de Zumárraga sirvió como escuela para niñas indígenas.

Ocuituco

Al retorno de Jumiltepec, se puede visitar Ocuituco, en cuya plaza destacan la hermosa fuente y un monolito que se conoce como "piedra de ajusticiamiento", además de sus huertas, donde se aclimataron las frutas de la tierra fría. Su convento fue la primera casa agustina de la Nueva España. Fundado en 1533, se distingue por sus pinturas al fresco en los techos de la planta baja y por su fuente hexagonal ornamentada con leones y alimentada por un sistema hidráulico oculto que se surtía en un manantial de deshielo del volcán y que fue motivo de admiración entre los pobladores. El monasterio aún conserva su amplio atrio y su claustro de líneas fuertes y austeras.

La carretera continúa rumbo a las partes altas. Entre Ocuituco y Tetela, está Xochicalco, donde se localiza una peculiar construcción religiosa: una pequeña iglesia levantada con materiales modestos, como el adobe y la teja, que le otorgan originalidad y belleza.

El convento dominico de Jumiltepec y el claustro del monasterio de Ocuituco, con su famosa fuente de leones.

Enfrente, la iglesia de Xochicalco, que destaca por su sencillez en un entorno de construcciones monumentales. Abajo, cosecha de frambuesas en Tetela del Volcán.

110

111

Tetela del Volcán

Tetela del Volcán es una población típica de las tierras altas morelenses. Algunas de sus calles guardan ejemplos de la arquitectura vernácula de la zona, con sus casas con techos de dos aguas de pronunciada caída, muros de adobe y las características cubiertas con tejas planas.

La región es eminentemente agrícola; lo ha sido siempre, como lo demuestran sus cultivos en terrazas que domeñan la escarpada orografía y crean panoramas de magnífica belleza con el volcán Popocatépetl, que todo lo domina. Los ciruelos y frambuesas, los maizales, el frijol, la calabaza y los extensos sembradíos de flores patentizan la laboriosidad de sus habitantes, que aprovechan la buena tierra y el agua abundante de esta región privilegiada.

El templo y el claustro del convento dominico de San Juan Bautista en Tetela del Volcán.

Destaca en Tetela la presencia del convento de San Juan el Bautista, de robustos contrafuertes y que como el de Hueyapan fue construido en el siglo XVI como parte de una ruta de conventos desde México hasta la Mixteca y el sureste, para que, además de sus labores de evangelización, sirvieran como sitios de paso y descanso para los frailes misioneros.

Este convento dominico estaba terminado en 1581 y su huerta fue sitio de aclimatación de diversos árboles frutales de "tierra fría" que hoy distinguen a la zona. En su interior hay pinturas murales, cuyos temas y estilo se pueden identificar con los de la primitiva iglesia, lo que puede significar que fueron pintadas probablemente a finales del siglo XVI. Es digno de mencionarse el artesonado de la sacristía.

Al salir de Tetela rumbo a Hueyapan se cruza por ricas tierras de cul-

tivo, donde las frutas y flores adornan el paisaje. Se desciende al fondo de un barranco por donde corre el río Amatzinac; precisamente de ahí parte un buen camino empedrado de 11 km que atraviesa frescos parajes hasta llegar a un salto de dos niveles, enmarcado por rocas, troncos, musgos y rica flora propia de la humedad imperante.

Parque Nacional Iztaccíhuatl-Popocatépetl

Morelos comparte con los estados de México y Puebla el Parque Nacional Iztaccíhuatl-Popocatépetl, que marca la frontera sur de la región neártica y forma parte del Eje Volcánico Transversal.

El municipio de Tetela del Volcán cuenta así con los únicos glaciares

Dos escenarios naturales de las tierras altas morelenses: el salto de Amatzinac y el volcán Popocatépetl.

neotropicales de la América Septentrional y con los extensos pinares abiertos que alcanzan las mayores altitudes del planeta.

No existe una entrada con buenos caminos desde el territorio morelense, lo que tal vez haya ayudado a que se preserve más este parque, que cuenta con pinos, oyameles, zacatonales y praderas subalpinas, ecosistemas donde habitan la zorra gris, el venado cola blanca, el conejo teporingo, el cacomixtle, la comadreja, la víbora de cascabel y aves como los pájaros azules y el búho.

Las bellezas escénicas y el simbolismo que tienen los volcanes de este parque son atributos que se agregan a la riqueza de su biodiversidad y al interés científico para la sismología, la glaciología y la vulcanología. De su preservación depende la recarga de mantos acuíferos en los tres estados mencionados.

Hueyapan

Hueyapan es uno de sitios clave de la identidad morelense. Sus hondas raíces nahuas permiten escuchar en sus calles el idioma ancestral, degustar sus platillos, ver en función sus temascales, apreciar sus chincuetes (enredos que sustituyen a la enagua), ixcacles, fajas, jorongos y las prácticas médicas herbolarias que aún practican grandes tlamatinis (curanderos), como doña Modesta Lavana.

Hueyapan es, además, cuna de finos tejidos de lana que en telares de cintura hacen posible algunos de los sarapes y jorongos más apreciados de México.

Junto con esto, no puede pasarse por alto el convento de Santo Domingo de Guzmán. Este edificio es muy diferente a los restantes monasterios coloniales de Morelos, pues es pequeño y carece de galerías de arcos. Esta construcción dominica consta de un atrio y un templo de factura sencilla; lo que queda del monasterio muestra una construcción de adobe y techo de madera y teja.

Este convento, junto con el de Tetela, tenía funciones más bien de hostal para los frailes peregrinos que iban hacia la Mixteca y al sureste, no obstante que en 1586 el padre Alonso Ponce dejó constancia de que "llegó muy cansado y fatigado a un pueblo pequeño llamado Vayapan donde hay un Monasterio de Santo Domingo, en el cual moraban dos religiosos, aunque a la sazón no había más que uno, el cual no tenía que dar de comer al P. Comisario y a sus compañeros, y eran ya las doce e iban todos muy desmayados".

La visita al convento está plenamente justificada si se tiene la oportunidad de conocer en su sacristía el Nicho de Hueyapan, obra extraordinaria del arte religioso colonial indígena. Se trata de un Cristo con la cruz a cuestas, rodeado de angelitos candorosos y regordetes y de evangelistas que utilizan como escritorios a los animales que los identifican, todo tallado en una sola pieza a partir de un tronco que debió ser de grandes dimensiones. Su autor fue Higinio López, el maestro de Zacualpan.

El Nicho de Hueyapan, construido en 1828, fue llevado en 1960 al Museo Nacional del Virreinato en Tepozotlán, ha sido exhibido en varias exposiciones internacionales y en 1973 formó parte de las colecciones del Museo Cuauhnáhuac. Afortunadamente ha regresado a Hueyapan donde la comunidad lo considera parte de su patrimonio y lo guarda celosamente.

Por el pequeño convento de Santo Domingo de Guzmán, en Hueyapan, pasaron los frailes peregrinos rumbo a la Mixteca.

Detalle del nicho de Hueyapan, una de las más importantes obras del arte sacro morelense,
realizada por el maestro de Zacualpan, Higinio López.

Páginas siguientes: un trozo de vida cotidiana en Hueyapan: pasos que se cobijan entre casas de adobe
y teja plana; muchas tradiciones perviven, como el tejido de lana –en telar de cintura y teñido con pigmento natural–
y la elaboración de pan –que se entrega de casa en casa.

117

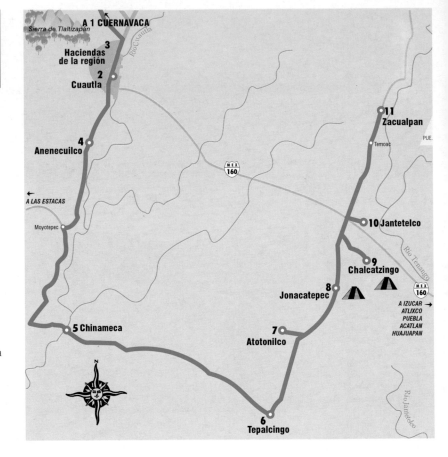

Si Tepoztlán es el corazón de Morelos y el Chichinautzin sus pulmones, la región de Cuautla es la conciencia del estado y en muchas ocasiones lo ha sido de la nación entera.

En Cuautla, José María Morelos habló, por primera vez, de independencia política y escribió con sus pobladores una de las páginas más brillantes de la guerra de Independencia, lo que le valió a la ciudad el título de heroica.

En esta región morelense, los campesinos encabezaron desde sus inicios, en 1910, el movimiento social que transformó a México. La lucha comenzada por Zapata en Anenecuilco convirtió el derrocamiento de un dictador en uno de los movimientos revolucionarios más importantes en la historia de los cambios sociales del siglo XX.

Más que en otras partes del estado, aquí la presencia de Zapata es insoslayable, pues estas tierras lo vieron nacer, crecer, luchar y morir.

Cuautla

Esta es la segunda ciudad morelense. Antes de la llegada de los españoles no era poblado de importancia; sin embargo, su papel en la historia del estado y del país fue determinante por los hechos heroicos que sucedieron en la Colonia, la Independencia, el Porfiriato y la Revolución; su valía también se sustenta en la cotidiana laboriosidad de sus habitantes, lo mismo en la agricultura, que en el comercio, la industria y los servicios.

El centro de la ciudad está integrado en una remozada plaza de altas palmas y árboles de bellas flores; una de las cabeceras la ocupa el Palacio Municipal, cuyo remate ostenta el escudo nacional y la efigie de Morelos. En la otra cabecera está el templo de Santo Domingo, que fue parte del convento del mismo nombre.

En una de las esquinas de la plaza se localiza la casa que habitó Morelos durante el sitio de Cuautla, sede ahora del Museo de la Independencia, que exhibe objetos, planos, documentos y mobiliario de principios del siglo XIX.

Por su gran valor histórico, el lugar ha sido restaurado y hoy constituye uno de los espacios más agradables e interesantes de la ciudad

Mas no sólo la guerra ha estado en Cuautla. Los dominicos comenzaron a visitarla en 1528 y en la década de 1580 iniciaron la construcción de su casa-monasterio. El convento de Santo Domingo sufrió la reducción de su atrio y múltiples modificaciones en su templo. El claustro, de una sola planta, quedó separado del conjunto y quedan vestigios de pinturas murales. Actualmente es la casa parroquial y puede ser visitada.

Arroz y caña de azúcar, la principal producción agrícola de los campesinos morelenses.

Si se camina desde la plaza, en cinco minutos se llega al monasterio de San Diego, que fue construido en la primera mitad del siglo XVII. Su historia, llena de vicisitudes, lo ha marcado a través de los siglos.

Durante el sitio de Cuautla fue el estratégico baluarte de Galeana. Con la llegada del ferrocarril, el monasterio se convirtió en hotel, y el templo y la capilla, en bodegas y talleres. El conjunto monacal perdió su atrio por la expansión urbana y la construcción de una biblioteca lo privó de su huerta. Después de una época de abandono, el templo volvió a tener tal carácter y el claustro fue habilitado como museo en su planta baja.

La estación de ferrocarril se instaló en la huerta del antiguo convento de San Diego y su auge provino del desarrollo de las haciendas de la región. Con la caída de éstas, el tren de vía angosta quedó en desuso, salvo en las temporadas en que fue utilizado como atractivo turístico para hacer recorridos hasta Yecapixtla. Actualmente, el edificio de la estación ferroca-

En Cuautla, tumba de Emiliano Zapata y El Almeal, uno de los manantiales dentro de la ciudad.

Enfrente, la Plaza de Armas de la heroica ciudad, el antiguo convento de Santo Domingo y la Casa de Morelos, hoy Museo de la Independencia.

rrilera es la sede de la Casa de la Cultura y museo.

En la Plaza de la Revolución se encuentra el sitio donde reposan los restos de Emiliano Zapata, quien originalmente fue enterrado en el panteón de Cuautla y después trasladado a este lugar, donde se levantó una estatua en su honor.

En la salida de Cuautla rumbo a Izúcar de Matamoros, se localiza uno de los balnearios más tradicionales y de mayor fama de Morelos: Agua Hedionda.

Otro atractivo cercano a Cuautla lo constituye el manantial de El Almeal, uno de los lugares estratégicos más codiciados durante el sitio de Cuautla. Sus veneros proveen mil litros de agua purísima por segundo en un ambiente de fresca vegetación.

Tanto Agua Hedionda cuanto Almeal poseen todas las instalaciones que un balneario de primer nivel necesita: albercas, chapoteaderos, canchas deportivas, áreas verdes arboladas, restaurante y música viva los fines de semana.

121

Casi alcanzada por la mancha urbana, sobre la carretera que lleva a Nepantla, se mantiene una de las poblaciones de Morelos con más fuerte identidad nahua: Tetelcingo, que se reconoce por mantener la lengua náhuatl, el huipil, el chincuete azul, que usan las mujeres mayores y una serie de tradiciones de vieja raigambre.

Hay varios templos en esta población, que es famosa por la artesanía de jaulas de alambre y por su fiesta de finales de octubre, donde el sincretismo religioso se manifiesta en danzas, música, comida festiva, collares de flores y procesiones que cruzan por arcos triunfales de calabazas, pan y flores de cempazúchil.

En ambas páginas, diversas facetas de la fiesta religiosa del pueblo de Tetelcingo: danzantes, cofradías, estandartes y calles adornadas muestran la raigambre nahua del poblado y sus expresiones sincréticas.

Haciendas de la región de Cuautla

Una pequeña carretera parte de Cuautla y lleva –en minutos si se transporta en automóvil– a dos importantes haciendas: la del Hospital y la de Calderón. La primera es propiedad particular y en ella se llevan a cabo diversas actividades productivas

La hacienda de Calderón, por su parte, tiene una dilatada historia ligada al capitán Fernando Calderón de Vargas, quien obtuvo una merced del virrey de la Nueva España para crear uno de los primeros ingenios fuera de los dominios del Marquesado del Valle de Oaxaca. El ingenio de Calderón funcionó desde principios del siglo XVII.

A finales del siglo XIX, se construyó el magnífico acueducto que lo distingue y se le dotó de maquinaria moderna. Su producción llegó a más de mil toneladas y fue parte, junto con las haciendas de El Hospital, Chinameca y la estancia de Pala, de un latifundio de 63 mil hectáreas que se repartió al terminar la Revolución.

Otra hacienda importante de la zona es la de Santa Inés, hoy propiedad privada y que sólo puede visitarse mediante permiso de sus actuales dueños. Su historia inicia cuando las monjas de Santa Inés, siguiendo la práctica de otras congregaciones, fundaron esta hacienda para ayudarse en su sostenimiento. El lugar producía azúcar, miel, alcohol y aguardiente y llegó a contar con un buen molino de trigo y una población cercana a las 500 personas.

Hasta 1796 permaneció en poder de las religiosas, quienes lo vendieron a la familia Michaus. Durante la guerra de Independencia se reclutaron entre su personal a tres compañías de lanceros. A finales del siglo pasado, Ignacio Manuel Altamirano vivió una temporada en Santa Inés, por lo cual Alfonso Toussaint piensa que tal vez en este lugar el escritor se inspiró para su célebre novela *El Zarco*.

Rumbo a Villa de Ayala, en los límites de la ciudad, se encuentra la

desviación que lleva a la monumental hacienda de Coahuixtla.

En 1580, los frailes dominicos fundaron un pequeño trapiche que fue el antecedente de Coahuixtla, una de las haciendas azucareras más importantes en la historia de Morelos.

La impresionante construcción que parece un enorme castillo feudal guarda entre sus muros y edificaciones, hasta de siete pisos, vestigios de las diferentes etapas que marcan la vida de esta industria en México.

Coahuixtla fue el primer ingenio del país que instaló maquinaria de vapor, lo que en su momento marcó una nueva era; de ella desgraciadamente no quedó rastro, pues durante el trágico periodo en el que el carrancismo arrasó el estado, sus instalaciones industriales fueron dinamitadas y saqueadas para vender los metales que requerían los países beligerantes en la Primera Guerra Mundial.

La hacienda está abandonada en su mayor parte, aun cuando con relativa facilidad se puede entrar a sus deteriorados patios.

Por la carretera libre que va a Cuernavaca, a sólo unos minutos por automóvil se encuentra la hacienda de Casassano, una de las instalaciones fabriles más antiguas del continente, pues ha producido azúcar desde el siglo XVI hasta nuestros días. Hoy es la única hacienda azucarera que se mantiene fabricando ese producto.

Es digna de mencionar su hermosa capilla dedicada a san Pedro Mártir, con su nave de bóveda de cañón, cúpula con linternilla, púlpito de cantera rosa y hermosa torre. La actual instalación industrial ha afectado la construcción original. La capilla está abierta y se puede visitar los domingos durante la misa de 9.

Haciendas de la región de Cuautla, escenarios de hazañas productivas y de hechos históricos trascendentales: El Hospital, Calderón y Santa Inés.

Enfrente, las haciendas de Coahuixtla y Casassano.

Anenecuilco

Anenecuilco está muy cerca de Cuautla y se encuentra comunicada por una avenida que permite llegar en cinco minutos al histórico poblado.

El 12 de septiembre de 1909, los hombres de Anenecuilco se reunieron sigilosamente a la sombras de las arcadas de la iglesia; se juntaron para hablar acerca de los agravios a los derechos del pueblo sobre sus tierras y aguas. Para reivindicar su causa nombraron a Emiliano Zapata, que recién había cumplido los treinta años.

En la parte alta del pueblo están los restos de la casa donde nació el revolucionario; son unos cuantos muros de adobe resguardados por una edificación circular que contiene fotografías y copias de documentos históricos. Enfrente de la casa hay un mural de Roberto Rodríguez Navarro relativo al Caudillo del Sur y en la parte posterior está un museo del agrarismo.

Chinameca

En el km 20 de la carretera local número 9, Chinameca se distingue al surgir en una elevación el inconfundible perfil de una chimenea de ladrillo con la inscripción *Tierra y Libertad*. En ese lugar fue acribillado Zapata el 10 de abril de 1919. En el sitio donde cayó muerto, a la entrada de la hacienda, se levantó una estatua bajo el dintel que, al igual que las columnas, muestra huellas de balas disparadas en la emboscada.

El lugar se construyó entre 1899 y 1904 gracias a la prosperidad de las haciendas de Calderón y Hospital, ambas de Vicente Alonso Simón. En la edificación trabajó como destajista el propio Zapata, encargado de transportar arena, cal y piedra. Fue la última hacienda que se levantó en el Porfiriato. Gracias a innovaciones como su sistema de riego y a la instalación y uso de la vía ferrea, en 1908 era ya la mayor hacienda de Morelos.

Tepalcingo

Los tlahuicas se asentaron en Tepalcingo en el año 1200, fueron tributarios de los aztecas y posteriormente integrantes del Marquesado del Valle. En la Colonia se dedicaron a la cría de ganado caballar y al comercio, por ser punto de tránsito hacia la Mixteca poblana. Esto último explica y mantiene vigente su feria.

El Santuario que distingue a Tepalcingo fue construido entre 1759 y 1782 y es una de las muestras más acabadas del barroco popular en argamasa, donde el artista indígena dio su interpretación de los hechos y personajes de la religión católica conforme a su visión del mundo.

Casa natal de Zapata en Anenecuilco y monumento en Chinameca, el sitio donde murió el Caudillo del Sur.

Enfrente, templo de Tepalcingo, obra cumbre del barroco indígena.

Atotonilco

Atotonilco es balneario desde hace más de 400 años. El propio Cortés mandó construir bóvedas e instalar barriletes para el disfrute de sus manantiales. Ha sido un lugar para el descanso y para refrescar a los peregrinos que se dirigen al Santuario de Tepalcingo. Sus seis manantiales surten aguas de 38 °C de temperatura que se consideran benéficas para la piel, el reumatismo y los males respiratorios. El balneario abre todos los días de las 7 a las 18 horas y puede atender a tres mil personas, pues cuenta con todos los servicios.

Jonacatepec

Las calles de esta población conservan casas de altos techos con balcones de herrería redondeada y emplomada. Desde la presidencia municipal se tienen perspectivas típicas de esta arquitectura vernácula.

El antiquísimo balneario de aguas termales de Atotonilco. Arriba, casonas en Jonacatepec.

Enfrente, el convento de Jonacatepec y la zona arqueológica de Las Pilas.

Uno de sus atractivos es el convento agustino, construido alrededor de 1560. Su atrio, de notables dimensiones, perdió sus capillas posas, su cruz y las almenas del muro, del cual sólo queda un fragmento. En la fachada del templo se advierten huellas dejadas por las balas de la Revolución.

El monasterio es notable por sus proporciones; su claustro por los elementos góticos primitivos y por el trabajo en sillería, en el que don Manuel Toussaint reconoció casi una copia del claustro de Zacualpan.

A un costado de Jonacatepec, en los terrenos del balneario Las Pilas, se encuentra la zona arqueológica del mismo nombre. Ahí se puede apreciar parte de lo que fue el centro ceremonial. Aun cuando las investigaciones permiten saber que los primeros habitantes se establecieron en el sitio hacia el año 1000 a.C. y continuaron ocupando la región hasta la llegada de los españoles, los restos visibles fueron edificados entre los años 500 a 650 de nuestra era.

Chalcatzingo

Chalcatzingo es una zona de imponentes peñones donde se asentaron los olmecas –nuestra primera civilización–, un sitio donde los templos indocristianos dejan al descubierto un notable sincretismo y donde los patios familiares y huertas dan cabida a peculiares y notables construcciones que tienen la noble función de guardar y preservar el precioso grano del maíz: los cuescomates, silos indígenas de funcionalidad extraordinaria y de escultórica belleza.

Chalcaltzingo tiene como patrón a san Mateo, cuyo templo data del siglo XVI y ostenta el sello del constructor indígena que incorporó en sus nichos peculiares imágenes.

En las afueras del pueblo de Chalcatzingo se encuentra la zona arqueológica del mismo nombre; ésta se ubica al pie de los cerros Delgado y de la Cantera y es un sitio de gran importancia, pues se trata de un vesti-

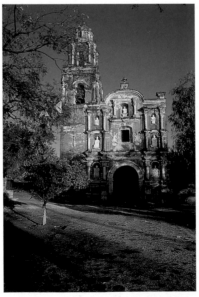

Templo de San Mateo en Chalcatzingo. Arriba, relieve de jaguar olmeca.

Enfrente, paisaje montañoso de Chalcatzingo; al fondo, el Popocatépetl.

gio de la cultura olmeca, cultura madre de Mesoamérica. Hace 3 500 años, la actividad humana comenzó a desarrollarse en la zona. La agricultura basada en terrazas y sistemas hidráulicos fue la base de su florecimiento.

A partir del año 1000 y hasta el 100 antes de Cristo, fue un importantísimo centro político, administrativo y religioso. De esa época son una serie de relieves extraordinarios en las paredes de roca y algunas de sus construcciones.

Entrando a la zona, que cuenta con un pequeño museo de sitio, se puede apreciar la plaza ceremonial con una pirámide de base redondeada y un juego de pelota. Sin embargo, lo más impresionante son sus relieves; para apreciarlos se tiene que realizar una caminata en las faldas de la montaña, ejercicio que vale la pena realizar para poder conocer estos notables testimonios de los orígenes mesoamericanos. Los más famosos relieves son El Rey, Los Jaguares y las estelas de El Cazador y de La Reina.

Jantetelco y Zacualpan

Antes de la llegada de los españoles, Jantetelco formó parte la antigua Tlalnáhuac; su historia está ligada a la actividad de las haciendas de Santa Clara y Santa Ana Tenango y desde luego a Mariano Matamoros, héroe insurgente que aquí habitó.

El monasterio agustino de San Pedro y San Pablo fue fundado en 1588. Consta de un atrio, un pequeño templo y un pequeño claustro. En 1650, un terremoto lo dejó inhabitable.

Es notable el buen cuidado que se tiene del convento y del templo, igual que la limpieza de calles, parque y casonas del poblado entero.

El convento cuenta con un pequeño museo en el llamado Dormitorio de Matamoros; enfrente del templo hay un monumento al prócer que partió de Jantetelco para convertirse en el brazo derecho de Morelos.

Al salir de Jantetelco rumbo a Zacualpan no se puede olvidar hacer una visita a Temoac, donde está el hermoso templo del Señor de la Columna, pintado de blanco y decorado con azulejos. Se trata de una pequeña capilla construida en el siglo XVIII, con varias pinturas coloniales importantes.

Zacualpan es un población que llama la atención por la recia personalidad de sus viejas casonas y su traza urbana, que ha servido como escenario para filmaciones cinematográficas.

De Zacualpan fue uno de los más grandes artistas de la colonia, Higinio López, que precisamente se hacía llamar "el pintor de Zacualpan" y que es autor del nicho de Hueyapan y cabeza de un grupo de maestros mayores que trabajaron en los actuales estados de Puebla y Morelos.

En Zacualpan está el monasterio agustino de La Concepción, que, por su monumentalidad y grado de conservación, es uno de los más importantes del estado. Se trata de una construcción del siglo XVI a la que se han hecho modificaciones, especialmente a principios del siglo XIX, cuando se construyeron las capillas posas esquinadas, la barda atrial con motivos ondulantes y se adicionó la capilla del Rosario, donde se colocaron retablos dorados. En el sotocoro hay dos cuadros firmados por Juan de Sáenz.

En el amplio claustro, cuyas proporciones reflejan una lograda perfección, se observan importantes restos de pinturas murales que representan santos y monjes insignes de la orden.

El convento muestra algunos elementos góticos en la arquería del segundo piso, en algunas ventanas y en especial en una puerta que comunica a la pila bautismal, obra del siglo XVI y digna de admirarse.

Imagen de Cristo en el templo de Jantetelco y el templo del Señor de la Columna, en Temoac.

Enfrente, arriba, dos ángulos del convento agustino de la Concepción. Abajo, campesinos de Zacualpan con el fondo iconográfico del Caudillo del Sur.

ENTRE HACIENDAS Y MANANTIALES

6 Cuentepec
A 1 CUERNAVACA
2 Hacienda de Temixco
A JIUTEPEC
A YAUTEPEC
A COCOYOC
Sierra de Tlaltizapán
Haciendas de la región
Cuautla
5 Xochicalco
Xochtepec
3 Hacienda de Santa Catarina Chiconcuac
4 Palo Bolero
Laguna El Rodeo
7 Hacienda de Miacatlán
9 Coatlán del Río
Tetecala
Laguna de Coatetelco
10 Coatetelco
22 Las Estacas
Mazatepec
8 Hacienda de Santa Cruz Vista Alegre
A IXTAPAN EE LA SAL
55
Grutas de Cacahuamilpa
Río Chalma
21 Tlaltizapán
Xoxocotla
13 Acua Ski
Zacatepec
20 Temimilcingo
Río El Tembo
12 Hacienda de San José Vista Hermosa
Galeana
El Rollo
19 Tlaquiltenango
11 Hacienda San Gabriel las Palmas
Puente de Ixtla
16 Aqua Splash
17 Jojutla
A TAXCO A IGUALA
95
14 Laguna de Tequesquitengo
Amacuzac
Río Amacuzac
15 Tehuixtla
A IGUALA A CHILPALCINGO A ACAPULCO
Sierra de Huautla
Tilzapotla
A ACAPULCO A ZIHUATANEJO
18 Chimalacatlán

La naturaleza puso la tierra y el agua; el hombre, el trabajo, y así se hizo la historia. El poniente morelense guarda los tesoros de Xochicalco, la ciudad-estado que reemplazó a Teotihuacán y que sumó el conocimiento y la

Jardínes de la hacienda de San Gabriel Las Palmas.

sensibilidad de las culturas mesoamericanas de su época para conocer el universo y convivir con la tierra. La Colonia levantó las haciendas, gigantescos cascos feudales alimentados por caminos de agua o acueductos, para convertir los frutos de la tierra en azúcar, mieles y alcoholes. Por amor a la tierra y al trabajo, los campesinos morelenses de comienzos de siglo encabezaron la revolución que transformó a México. Además de haciendas, en esta ruta el visitante conocerá el cuartel general de la Revolución del Sur y los campos donde se luchó y trabajó durante la Comuna Morelense.

También en este recorrido se apreciarán las bondades de la tierra caliente, que mitiga la sed de sus habitantes y huéspedes con una serie de manantiales que dan lugar a balnearios, cuyas virtudes van desde aquellos que preservan las condiciones naturales originales, hasta los parques acuáticos donde la tierra y el agua son elementos para la recreación.

Hacienda de Temixco

En el siglo XVII, en el momento en que los herederos de Cortés liberaron el monopolio del azúcar, surgieron múltiples trapiches e ingenios en las tierras arrendadas por la familia del conquistador; entre ellas nació una enorme fábrica de 12 500 hectáreas que prácticamente envolvían a Cuernavaca.

El poderío de Temixco no se limitó a la producción azucarera, de mieles, aguardiente y alcohol; fue matriz de los ingenios de Vista Hermosa y San Gabriel y núcleo de presión e intrigas políticas en diferentes momentos de su historia.

Los Yermo, una de las familias propietarias, formaron un ejército con 300 negros liberados con motivo del cumpleaños de doña Josefa Yermo; con esos hombres derrocaron al virrey Iturrigaray en 1808.

Otro de sus propietarios, Felipe Neri del Barrio, promovió intensa-

Arriba y al centro, la hacienda
de Temixco, hoy balneario.
Abajo, vista exterior de la
hacienda de El Puente.

mente que Maximiliano gobernara
estas tierras, y su esposa fue dama de
honor de la emperatriz. De ahí la presencia de los emperadores en varias
ocasiones en Temixco.

En la Revolución, durante la Comuna Morelense, Temixco fue administrada por el general zapatista
Genovevo de la O. Tiempo después,
durante la Segunda Guerra Mundial,
la hacienda de Temixco fue confiscada a sus propietarios japoneses y se
habilitó como campo de concentración para súbditos del Japón que vivían en México.

Hoy es posible visitar Temixco y
acercarse a esta historia fundamental
en la economía de México, que resguarda esta hacienda localizada a diez
minutos de Cuernavaca en el km 85
de la antigua carretera México-Acapulco. Las antiguas instalaciones han
sido adaptadas para hacer uno de los
balnearios y centros recreativos más
importantes del país.

Desde Temixco se puede llegar a
un puente monumental que cruza el
río Apatlaco y comunica con el casco
de la hacienda del Puente, fundada a
mediados del siglo XVIII.

Esta hacienda produjo caña y azúcar y se especializó en la fabricación
de alcohol, ramo en el que obtuvo reconocimiento internacional. En 1910
su población era de 671 personas.

Durante un breve tiempo fue molino de arroz, posteriormente balneario y residencia privada; en esta última etapa sufrió modificaciones inapropiadas. Actualmente está cerrada,
pero dada su belleza, localización y
potencial no sería de extrañar un
próximo aprovechamiento.

Hacienda de Santa Catarina Chiconcuac

En un sitio privilegiado por sus aguas
y exuberante vegetación, se fundó, a
finales del siglo XVII o principios del

136

XVIII, la hacienda de Chiconcuac, productora de caña y mieles. Fue propiedad de Delfín Sánchez, yerno de Benito Juárez; después pasó a manos de la familia Bermejillo, que tuvo que afrontar, a mediados de 1800, violentos sucesos que culminaron con el asesinato de empleados y miembros de la familia propietaria, lo que provocó la ruptura de relaciones diplomáticas entre México y España.

Después de la Revolución quedó abandonada. Hoy día pertenece a mexicanos que la han restaurado y la utilizan para celebrar actividades culturales y sociales.

Otro lugar que debe visitarse es la hacienda de Dolores, que en opinión de uno de los más connotados expertos en haciendas, Alfonso Toussaint, es uno de los conjuntos más interesantes de este tipo de construcciones, no obstante sus pequeñas dimensiones. Capilla, chacuaco, acueducto, casa grande y todos los elementos de una gran hacienda están reunidos en un pequeño espacio que, además de funcionalidad industrial, conjunta belleza arquitectónica.

Muy cerca de Chiconcuac se localizan los manantiales de San Ramón. Se puede llegar a ellos por la autopista Cuernavaca-Alpuyeca, si se sale de Xochitepec y se toma la carretera que lleva a Chiconcuac, de donde queda a dos km al norte.

Palo Bolero

A 18 km de Cuernavaca por la antigua carretera a Acapulco se encuentra Palo Bolero, balneario con manantial donde la comunidad agradece ritualmente cada tres de mayo el don del agua con ofrendas de mezcal y tabaco.

Palo Bolero cuenta con albercas, chapoteadero, restaurante y jardines, además de su río, gruta y cascada que lo caracteriza.

Xochicalco

A 32 km de Cuernavaca se localiza uno de los centros claves del México prehispánico: Xochicalco, que ha cautivado a científicos, artistas y viajeros célebres, desde fray Bernardino de Sahagún, Humboldt, Peñafiel, Alzate, y hasta al propio Julio Verne.

Xochicalco es fuente de claves y enigmas, donde destaca la armonía lograda por los hombres que incorporaron su obra a la naturaleza. La montaña fue trabajada a base de cortes, muros de contención, terrazas y fosos para dar lugar a una ciudad-estado, ejemplo consumado de la arquitectura integrada al paisaje.

La vida de Xochicalco comenzó en el año 700 y terminó en el 900. En ese cortísimo lapso dejó profundas huellas en la cultura mesoamericana. Fue un centro de carácter militar, núcleo de actividades comerciales e importante crisol cultural y científico, donde convergieron aportaciones de las culturas del Golfo, de los mayas, de los zapotecas, mixtecos y nahuas: un sitio de encuentro y suma mesoamericana.

Ahora se aprecian edificios que permanecieron sepultados por cientos de años. Han aflorado maravillosas obras de cerámica y escultóricas, juegos de pelota, zonas de habitación, espléndidos temascales que parecieran listos para purificar con sus vapores a los privilegiados señores o jugadores de pelota que además disfrutaban de un panorama excepcional.

Durante los trabajos recientes, los arqueólogos encontraron en uno de los salones el techo colapsado; esto les permitió conocer los materiales empleados y restituirlo, así se puede experimentar la emocionante sensación de entrar en un salón prehispánico techado como lo pensaron sus constructores.

Digna de mencionarse es la Rampa de los Animales, un sendero a base de losas con representaciones de la fauna mexicana (jaguares, tecolotes, serpientes, águilas, monos y mariposas) que se comunica con un pequeño edificio dedicado a una deidad ligada con el culto a la tierra.

Los nuevos descubrimientos permiten percatarse de las dimensiones de este complejo urbano; lo que parecían montañas ¡eran construcciones! Sin embargo, Xochicalco, como por una suerte de encantamiento, siempre permitió ver dos de sus atributos que siguen embelesando a los visitantes: la Pirámide de las Serpientes Emplumadas y el Observatorio o Cámara de los Astrónomos.

En la Pirámide, reconocida como uno de los más importantes y hermosos monumentos del México antiguo, aparecen serpientes, personajes de inconfundible presencia maya y glifos, lo que hace suponer una gran reunión de sacerdotes y astrónomos en Xochicalco para ajustar o corregir el sistema calendárico.

El sistema de jeroglíficos usados en Xochicalco es el más completo del Altiplano; por eso se piensa que fue en este sitio donde se desarrolló el sistema de escritura que utilizaban los nativos a la llegada de los invasores españoles.

El Observatorio es otro ejemplo de la sabiduría y el trabajo científico de los xochicalcas, quienes horadaron la roca desde la superficie hasta la cueva –unos ocho metros– con la intención de que esta especie de chimenea sirviera para realizar observaciones solares y lunares. El trabajo fue realizado con tal precisión que cuando el Sol pasa por el cenit del lugar –14 y 15 de mayo y 28 y 29 de julio– un rayo de luz penetra perpendicularmente la cueva al mediodía.

Si bien Xochicalco sustituyó a Teotihuacán como la ciudad más importante de su época, el abandono causó su ruina. Aunque muchos hacendados tomaron las sagradas piedras para construir sus fincas, el trabajo de los científicos mexicanos a través del tiempo nos permite conocer algo de este portentoso sitio localizado magistralmente para dominar el panorama terrestre de valles, barrancas, montañas, volcanes y laguna que le rodea y el firmamento del que aprendieron y al que reverenciaron.

Xochicalco y su museo de sitio se pueden visitar diariamente de 9 a 17 horas.

Jaguar de Xochicalco encontrado en los recientes trabajos de excavación.

Enfrente, tres aspectos de Xochicalco que ahora es posible admirar.

Páginas siguientes: un detalle de la Pirámide de las Serpientes Emplumadas.

**Escena cotidiana en Cuentepec.
Al centro, el acceso a la
hacienda de Miacatlán.
Abajo, el santuario de Mazatepec.**

Cuentepec

A ocho km de Xochicalco se encuentra Cuentepec, modesto pueblo de fuerte identidad nahua, apreciable en sus costumbres, formas de organización y, sobre todo, en el uso de su lengua, lo que en opinión de notables nahuatlatos, lo convierte en uno de los sitios donde mejor se conserva este idioma.

El vigor cultural de Cuentepec no es un asunto nuevo. Manuel Rivera Cambas escribía en 1884: "El pueblecillo de Cuentepec es buen sitio para estudiar las invariables costumbres de los indígenas [que] han conservado en su pureza [...] su Autoridad es nombrada por elección que recae en un anciano respetable [...] Llaman 'coyotes' a los que no son de su raza y jamás hablan de sus costumbres privadas".

Hacienda de Miacatlán

A orilla de carretera se localiza la antigua hacienda cañera de Miacatlán, importante centro agroindustrial con más de 17 mil hectáreas de tierras productivas.

En su construcción se utilizaron piedras labradas de la zona arqueológica de Xochicalco, lo que significó la pérdida de datos fundamentales. Sin embargo, es de notar que los hacendados apreciaban el pasado del lugar, pues muchos de los frutos del saqueo arqueológico pasaron a formar parte de la colección privada de los dueños de Miacatlán.

Durante el Porfiriato se celebraban grandes fiestas; al inicio de la Revolución era la tercera hacienda de Morelos y tenía dos escuelas para niños y niñas, hijos de los trabajadores. Actualmente es sede del orfanatorio Nuestros Pequeños Hermanos.

Más allá de Miacatlán, en medio de los cañaverales, la carretera nos lleva al encuentro de dos templos que

142

Hacienda de Santa Cruz Vista Alegre.
En medio, interior de la
misma hacienda.
Abajo, casonas de Tetecala.

se recortan en el horizonte. El lugar conocido por Cerro del Venado (Mazatepec) es uno de los santuarios a donde acuden peregrinos todo el año, pero especialmente el quinto viernes de cuaresma, para visitar al Señor del Calvario.

Hacienda de Santa Cruz Vista Alegre

A orilla de la carretera que conduce a las Grutas, en el km 22, está la hacienda de Santa Cruz, cuyos orígenes se remontan al siglo XVIII. Se trata de un pequeño ingenio cuya importancia no radicó en su magnitud, sino en la calidad del azúcar producida, la cual fue premiada en París a fines del siglo pasado. Santa Cruz Vista Alegre produjo mieles útiles para fabricar el famoso "chínguere", aguardiente muy demandado.

Desde la carretera se puede apreciar su sólida barda perimetral, su bello portón y la torre de su peculiar capilla. Su viejo chacuaco de tabique permanece erguido a pesar de la metralla de la Revolución y los efectos de un rayo. La casa grande está habitada por sus actuales dueños, que siguen trabajando en la agricultura.

Muy cerca de Santa Cruz Vista Alegre está Tetecala, surgida en esta región –una de las más laboriosas del estado– donde se cultiva la tierra para producir arroz, caña de azúcar y se explota la ganadería. Las montañas de Tetecala contienen riquezas mineras, especialmente oro. La arquitectura popular de siglos pasados y principios del actual dejó una serie de casonas con techos altos y balcones.

En Tetela está el templo de San Francisco, cuyos orígenes enraizan en el siglo XVI. Como muchas construcciones religiosas sufrió una adaptación al estilo neoclásico; pero resulta interesante ver una fachada ecléctica enmarcada por palmas tropicales.

143

Coatlán del Río

Coatlán del Río es un poblado que guarda mucho de la atmósfera original de los pueblos morelenses; sus huertas cargadas de fruta, sus acequias, su vida laboriosa y apacible hacen recordar un estilo y calidad de vida que generó valores sociales y culturales con base en modelos productivos, como las huertas morelenses que algún día serán revaloradas por su caracter ecológico y eficiencia productiva. Mangos y plátanos de variedades diferentes a las comunes, guanábanas, chicozapotes, mameyes y caimitos se encuentran en el mercado y en las fruterías que abundan en el poblado.

En el centro de la población se localiza la iglesia de los Santos Reyes, cuyo atrio, con palmas de coco, tiene el inconfundible sello de la tierra caliente. Las almenas del templo le hacen lucir una personalidad muy particular.

Iglesia de los Santos Reyes en Coatlán del Río
Arriba, zona arqueológica de Coatetelco.

Enfrente, frutas de las huertas de Coatlán del Río.

Coatetelco

Por la carretera federal 95 y a dos km del pueblo de Alpuyeca, se encuentra la desviación para Coatetelco, poblado conocido por su zona arqueológica y por la pérdida en años recientes del lago que lo distinguía y en cuyo fondo la tradición popular señalaba la existencia de un monolito con forma de serpiente.

Dentro de Coatetelco, un poco adelante del templo de San Juan Bautista, se encuentra la zona arqueológica que lleva el nombre del pueblo y que significa "Lugar de las Serpientes en los Montículos de Piedra".

Las investigaciones permiten afirmar que los primeros habitantes de Coatetelco se establecieron en el área entre 450-600 d.C. Las construcciones que hoy se aprecian corresponden al Postclásico Tardío (1350-1521).

La zona arqueológica, con arquitectura de estilo mexica, cuenta con un museo de sitio.

Hacienda San Gabriel Las Palmas

Sea por la carretera federal o por la autopista, uno debe llegar a Puente de Ixtla para encontrar una inconfundible hilera de palmas reales que marcan la entrada a esta hacienda, surgida en el siglo XVIII como propiedad de don Gabriel Joaquín de Yermo, quien también fue dueño de Temixco y Vista Hermosa. Durante la guerra de Independencia, don Leonardo Bravo, lugarteniente de Morelos, llegó a este lugar donde le fingieron amistad para traicionarlo y entregarlo para que fuera fusilado.

Su tienda de raya tuvo gran fama por los productos nacionales y de importación que vendía. Las tierras de la hacienda, 19 mil hectáreas, fueron repartidas entre los ejidos vecinos. Hoy pertenece a la familia Fenton, que le ha devuelto parte de su antiguo esplendor y la ha convertido en un exclusivo hotel.

Entrada y alberca de la hacienda de Vista Hermosa, sede del hotel del mismo nombre.

Enfrente, la hacienda de San Gabriel Las Palmas, hoy convertida en exclusivo hotel.

Hacienda de San José Vista Hermosa

La hacienda de San José Vista Hermosa formó parte del Marquesado del Valle y tuvo diferentes propietarios a través del tiempo. Uno de ellos fue don Gabriel Yermo, quien la vendió a los señores Mosso, quienes a su vez convirtieron sus tierras en áreas de riego e instalaron la primera máquina de vapor en el país para convertir la caña en azúcar.

En el año de 1945 fue adquirido el casco de la hacienda y transformado en hotel; esto hace posible el visitarla, disfrutar de sus atractivos y conocer una hacienda cañera restaurada que ha sido frecuentemente utilizada para la filmación de películas y telenovelas.

Tiene 120 habitaciones, canchas deportivas, áreas de descanso, albercas, una colección de transportes antiguos, lienzo charro, discoteca y una capilla.

Acua Ski

Esta pista acuática para la práctica del esqui se localiza en el km 1.5 de la carretera Xoxocotla-San José Vista Hermosa. Continúa la tradición por este deporte en la zona, de donde es originaria la familia Zamudio, que ha obtenido campeonatos mundiales en la especialidad.

A poca distancia, en una cañada, después de pasar Xoxocotla, está el centro recreativo de Apotla, en el que resaltan sus cascadas a las que se llega por un puente colgante.

Laguna de Tequesquitengo

El llamado "mar de Morelos" es un centro de esquí, buceo y paracaidismo. Para llegar a él se toma la autopista Cuernavaca-Acapulco hasta la caseta de Alpuyeca, donde se debe salir y tomar la carretera a Jojutla. A la altura de Xoxocotla hay un crucero

Cascada en el balneario de Apotla. Arriba, Pista Acua Ski, construida ex profeso para la práctica de este deporte.

Enfrente, la laguna de Tequesquitengo.

donde debe uno dirigirse a San José Vista Hermosa y Tequesquitengo, la principal laguna del estado, cuya forma de corazón tiene un contorno de 13 km y 4 600 metros en su parte más ancha.

Originalmente, Tequesquitengo era un pequeño poblado dedicado a la produción de tequesquite, utilizado para fabricar jabón y para purgar el ganado.

Por su ubicación en una cuenca cerrada el poblado recibía y acumulaba las aguas derivadas del riego de la hacienda de San José Vista Hermosa. Existen versiones sobre disputas entre los hacendados y la comunidad y otras que hablan de un convenio; el hecho es que las aguas de la hacienda inundaron e hicieron desaparecer al pueblo. Los aficionados al buceo señalan que es posible ver aún los restos del campanario del templo de San Juan Bautista.

Actualmente es sitio de residencias de descanso, con hoteles y restaurantes para atender al visitante.

Tehuixtla

En la orilla del río Amacuzac, el más importante de Morelos, se localiza el balneario de Tehuixtla, hoy a cargo del ISSSTE. Se llega a él por la carretera que lleva a Tequesquitengo, luego de dejar atrás al pueblo de Tehuixtla. Este lugar es uno de los balnearios tradicionales de los morelenses. Antiguamente se llamó La Fundición y se llegaba cruzando el río Amacuzac por un puente colgante. Desde siempre la principal atracción ha sido el famoso borbollón de aguas sulfurosas y tibias, notable por su aforo y profundidad. El terremoto de 1985 provocó que la afluencia del borbollón se canalizara por varias salidas, lo que produjo la reducción de su fuerza, pero no del caudal.

Actualmente es un moderno centro turístico con varias albercas –una de ellas con cascada–, chapoteaderos, fosa de clavados y tobogán de más de cien metros.

El tradicional balneario de Tehuixtla, actualmente operado por el ISSSTE. Arriba y enfrente, el parque acuático de Aqua Splash, desarrollo modelo para atender el turismo de balnearios.

Aqua Splash

En el km 4.5 de la carretera Jojutla-Tequesquitengo se ubica Aqua Splash, construido en 150 mil metros cuadrados de terreno no apto para labores agropecuarias; de esta manera se logra un aprovechamiento de estas tierras para la región.

El parque acuático tiene ocho albercas que ocupan en conjunto siete mil metros cuadrados. Se distingue por contar con diversos juegos acuáticos, como la única alberca doble de olas que existe en México y el tobogán más alto de la República, donde los bañistas alcanzan velocidades de hasta 110 kilómetros por hora.

Cuidadas áreas verdes con ejemplos de la flora local, canchas deportivas y zonas para día de campo y descanso crean un ambiente ideal para familias y excursionistas.

Aqua Splash es un eficiente modelo de turismo social con costos accesibles y alta calidad en sus servicios.

Jojutla

A la entrada de la ciudad de Jojutla se encuentra un letrero con el significado del nombre nahua de la población: "Tierra que Arde" o "Lugar de Calor Intenso". Jojutla es un centro agrícola famoso por la calidad de su arroz. Es un lugar caluroso, pero la naturaleza ha compensado a la región con abundancia de agua y manantiales de frescos torrentes. El visitante puede disfrutar de su sol pleno en diversos balnearios, algunos ubicados dentro de Jojutla, como Los Naranjos o Cocos-Bugambilias.

Si se desea ir más lejos, se puede ir al balneario La Plata, a sólo diez minutos en automóvil del centro de la población o a Las Huertas, ubicado a 14 kilómetros de Jojutla. Para llegar a él debe tomarse la carretera a El Higuerón y continuar por camino de terracería. El recorrido total toma una hora y se atraviesa por paisajes con cactos, árboles de ramas hirsutas y

Alberca de olas en el complejo de diversiones acuáticas El Rollo. Arriba, Las Huertas, un balneario que conserva el encanto de la naturaleza.

huizaches. El camino cruza por el río Amacuzac, el más caudaloso del estado. Llegar a Las Huertas es muy reconfortante, pues tiene un borbollón de gran belleza con agua cristalina. Hay sitio para acampar y restaurante; es un lugar ideal para excursionistas. y para aquellos que desean alejarse de los problemas citadinos.

Limítrofe con Las Huertas está Los Manantiales, que también cuenta con aguas termales, dos albercas y chapoteaderos. En este sitio vale la pena caminar por su bosque de amates y otros árboles de la región que crecen entre arroyuelos. Junto a la ribera del río Amacuzac se puede visitar la cascada Encantada, que hace honor a su nombre.

El balneario de Iguazú se localiza en Zacatepec, sitio siempre cálido y laborioso. El visitante atraviesa por cañaverales y parajes de elevada temperatura para llegar a este balneario, con nombre guaraní, donde encuentra un entorno de cuidada vegetación y jardines que propician la maravillosa di-

ferencia entre el calor agobiante y la frescura inigualable que logran la conjunción de agua y plantas.

Como sucede en la mayoría de los balnearios morelenses, el visitante encuentra en Iguazú piscinas pulcramente mantenidas (en este caso seis amplias albercas, una con olas, tobogán y chapoteaderos), restaurante, fuentes y áreas de descanso.

Vecino a Tlaquiltenango se encuentra uno de los más importantes parques acuáticos de Morelos. Los visitantes de El Rollo pueden apreciar la torre cilíndrica mandada levantar por Cortés para vigilar su ganado, aun cuando se dice que era originalmente más alta.

El Rollo opera desde 1953 y actualmente sus instalaciones lo convierten en un macrobalneario que puede atender a 25 mil personas en un solo día, con sus 15 albercas –dos de ellas con olas– chapoteaderos y 14 toboganes, incluido uno de 150 metros de largo y el kamikaze gigante para bañistas que gustan de las emociones fuertes.

Balneario Los Manantiales. Arriba, las ruinas de Chimalacatlán.

Páginas siguientes: la bien ganada fama de Jojutla se debe a su producción arrocera.

Chimalacatlán

Chimalacatlán, asentamiento contemporáneo de Xochicalco, Monte Albán y El Tajín, fue descubierto a finales del siglo pasado por Lorenzo Castro, cura de Tlaquiltenango, quien lo comunicó al obispo Francisco Plancarte y Navarrete, primero en estudiarlo.

Plancarte relacionó el lugar con el propio Tamoanchan, lugar mítico relacionado con el origen de la civilización mesoamericana. Está construido sobre terrazas artificiales y quedan restos de habitaciones y templos formados por grandes piezas de roca trabajada.

El pueblo de Chimalacatlán se localiza a 30 km al sur de Jojutla; en sus inmediaciones está el Cerro del Venado, donde se ubica la zona arqueológica. Su visita constituye una excursión que requiere de preparativos, un guía del propio pueblo y caballos para llegar al lugar.

Tlaquiltenango

Las características de sus suelos y su vecindad con el río Yautepec hicieron que Hernán Cortés dedicara estas tierras a una de las primeras explotaciones de ganadería caballar del continente. Para la vigilancia de sus equinos mandó construir el torreón conocido como El Rollo.

En Tlaquiltenango está el convento de Santo Domingo, cuya construcción se realizó entre 1530 y 1550. Parece ser que originalmente el convento pertenecía a los franciscanos y que debido a un conflicto con el clero secular el monasterio pasó a manos de los dominicos. El propio Cortés logró que los franciscanos recuperaran el

Imágenes del convento de Temimilcingo.

Enfrente, claustro del convento de Santo Domingo en Tlaquiltenango.

convento; sin embargo, en 1586 lo perdieron definitivamente.

El conjunto arquitectónico comprende un atrio con tres capillas posas, un templo monumental almenado de robustos contrafuertes y el claustro de amplias dimensiones; desgraciadamente, la huerta ya no existe. Desde la entrada, las puertas y la arquería forman un juego visual interesante que se complementa con la pintura mural de temas religiosos y la decoración rica en formas, a las que se agrega la aportación de la pátina y las modificaciones del tiempo que, en este caso, agregan dramatismo al conjunto.

La planta alta cuenta con numerosas celdas. Una peculiaridad de la construcción es que, en razón de los vientos dominantes, la puerta de la porciúncula, de manera inusual, está orientada hacia el sur.

Otro detalle interesante del inmueble es que se localizó un códice pegado en los muros, como parte del decorado.

Temimilcingo

Si se toma la carretera que va de Tlaquiltenango a Tlaltizapán, un poco antes de llegar a este último poblado se encuentra la desviación que lleva a Pueblo Nuevo y Temimilcingo. A partir del entronque, se recorren siete km para llegar al monasterio dedicado a Nuestra Señora de la Asunción de Temimilcingo, que se encuentra sobre una construcción prehispánica y que aún cuenta con su primitiva capilla de indios.

Muchos cambios sufrió a través del tiempo, por lo cual se notan adosamientos, superposiciones, desniveles y diversas capas en sus decoraciones; sin embargo conserva las características de los conventos del siglo XVI, como sus contrafuertes. El convento es pequeño, con claustro alto y de patio reducido. Gracias a la acción de sus pobladores, interesados en preservar su herencia, se conservan imágenes y pinturas antiguas.

157

Tlaltizapán

Este lugar es una región agrícola por excelencia, productora de maíz, caña de azúcar, jitomate, arroz, maíz y ganado y núcleo importante de población durante la Colonia y especialmente durante la Revolución.

Aquí se encuentra el convento de San Miguel, sobre el que existen diversas opiniones sobre el año en que los dominicos lo levantaron. Lo único que se sabe es que es del siglo XVI, aunque los años varíen de 1535 a 1591.

El convento tiene un atrio con dos entradas, la fachada del templo carece de decoración y sus interiores fueron convertidos al estilo neoclásico, tan de moda a finales del siglo XVIII y principios del XIX.

El claustro es de dos pisos y se puede visitar pasando una puerta localizada en el interior del templo. En el segundo nivel aún se perciben pinturas murales en blanco y negro, a pesar de lo encalado de sus muros.

En el atrio se localiza un mausoleo mandado a levantar por Emiliano Zapata para enterrar a los más distinguidos generales de su estado mayor y, llegado el momento, a él mismo, cosa que no sucedió.

Varias lápidas señalan los restos ahí contenidos; un busto del Caudillo del Sur remata este monumento representativo de la arquitectura funeraria vernácula. Zapata tomó esta decisión por la devoción que tenía por la imagen del Cristo Negro que se encuentra en el templo.

La presencia de Zapata, con todo, trasciende este atrio. En medio del poblado está lo que fuera el cuartel general del Ejército del Sur, convertido ahora en museo. Los visitantes pueden observar documentos, fotografías, armas, mapas y objetos personales de Emiliano Zapata, como la ropa y sombrero que llevaba al ser acribillado; hay algún mobiliario, indumentaria charra y unas banderillas que utilizaba en los jaripeos, a los que era tan afecto.

Las Estacas

Un manantial que surte más de siete mil litros por segundo hace posible uno de los escenarios de mayor belleza del estado: Las Estacas, balneario que permite al visitante disfrutar de un entorno natural cuidadosamente preservado, con el confort que proporcionan sus instalaciones.

Un clima cálido, vegetación exuberante, enormes palmas reales y prados cuidados enmarcan pozas de agua cristalina y fresca que corre mansa para deleite de los visitantes que pueden gozar de la natación en lugares de baja y mediana profundidad, que han sido aprovechados en múltiples ocasiones para filmar películas, como las ya legendarias de Tarzán.

Mausoleo zapatista en Tlaltizapán; al fondo, el convento de San Miguel.

Enfrente, el nacimiento del manantial de Las Estacas.

Bibliografía básica

López González, Valentín, *Cuernavaca. Visión retrospectiva de una ciudad,* Centro de Estudios Históricos y Sociales del Estado de Morelos, 2a. edición, 1994.

Toussaint S., Alfonso, *Las haciendas azucareras,* agenda 1996 del Gobierno del Estado de Morelos, Grafiarte de Morelos.

Morelos, viento en la cima, fuego en el cañaveral, monografía estatal SEP.

La ruta de los santuarios en México, CVS Publicaciones, México, 1994.

La acrópolis de Xochicalco, Instituto de Cultura de Morelos, 1995.

Encuentros con Morelos, Grupo Editorial Miguel Angel Porrúa, México, 1993.

Artigas, Juan B., *Capillas abiertas aisladas de México,* UNAM, 1992.

Agradecimientos

Agradecemos la valiosa y generosa colaboración de las siguientes personas:

Valentín López González, Alfonso Toussaint y Sergio Estrada

Roberto Abe, Rodolfo Becerril Straffon, Angelita Borbolla,
Julia Jiménez Cacho, Cecille Camille, Rafael Cauduro,
Enriqueta Dávila, Ricardo Estrada, Silvia Garza Tarazona,
Norberto González Crespo, Patricia Mariscal, Antonio Martínez Manautou,
Miguel Salinas, Alfonso Sandoval Camuñas, Ariel López,
Cibeles Marín, Tránsito Rojas S., Cornelio Santa María y Lala Silva

El estado de Morelos
se terminó de imprimir en febrero de 2001
La edición, de tres mil ejemplares, estuvo al cuidado de
Ediciones Nueva Guía, S. A. de C. V.
Tel. 5550 6008 - Fax 5550 3806
e-mail: tierranuestra@prodigy.net.mx

La impresión se realizó en los talleres de
Gráficas Marte, S.A.
Vista Alegre, 12 - 28019 Madrid
Tel.: 914 281 040 - Fax: 914 716 432
e-mail: rapygraf@grupo-marte.com
ISBN: 968 6963 80 4
Depósito Legal: M-7237-2001

Printed in Spain
Impreso en España